Das

RINGELNATZ

Jubiläumsbuch

Das RINGELNATZ *Jubiläumsbuch*

Mit Illustrationen von Karsten Teich

Weltbild

Weltbild Buchverlag –Originalausgaben–

Steinerne Furt, 86167 Augsburg
2. Auflage 2008

Projektleitung: Almut Seikel
Umschlaggestaltung: zeichenpool, München
Umschlagabbildung und Illustrationen: Karsten Teich
Satz: Andrea Göttler
Druck und Bindung: TYPOS-Digital Print, Plzen

Gedruckt auf chlorfrei gebleichtem Papier

Printed in the EU

ISBN 978-3-89897-952-8

Ei, war das ein fröhlich Leben

Ein männlicher Briefmark erlebte
Was Schönes, bevor er klebte.
Er war von einer Prinzessin beleckt.
Da war die Liebe in ihm erweckt.

Er wollte sie wiederküssen,
Da hat er verreisen müssen.
So liebte er sie vergebens.
Das ist die Tragik des Lebens!

Die Schnupftabaksdose

Es war eine Schnupftabaksdose,
Die hatte Friedrich der Große
Sich selbst geschnitzelt aus Nußbaumholz.
Und darauf war sie natürlich stolz.

Da kam ein Holzwurm gekrochen.
Der hatte Nußbaum gerochen.
Die Dose erzählte ihm lang und breit
Von Friedrich dem Großen und seiner Zeit.

Sie nannte den alten Fritz generös.
Da aber wurde der Holzwurm nervös
Und sagte, indem er zu bohren begann:
»Was geht mich Friedrich der Große an!«

»Sie faule, verbummelte Schlampe«,
Sagte der Spiegel zur Lampe.
»Sie altes, schmieriges Scherbenstück«,
Gab die Lampe dem Spiegel zurück.
Der Spiegel in seiner Erbitterung
Bekam einen ganz gewaltigen Sprung.
Der zornigen Lampe verging die Puste.
Sie fauchte, rauchte, schwelte und rußte.
Das Stubenmädchen liess beide in Ruhe
Und doch: Ihr schob man die Schuld in die Schuhe.

Die Badewanne prahlte sehr.
Sie hielt sich für das Mittelmeer
Und ihre eine Seitenwand
Für Helgoländer Küstenland.
Die andre Seite – gab sie an –
Sei das Gebirge Hindustan
Und ihre große Rundung sei
Bestimmt die Delagoabai.
Von ihrem spitzen Ende vorn,
Erklärte sie, es sei Kap Horn.
Den Kettenzug am Regulator,
Hielt sie sogar für den Äquator.
Sie war – nicht wahr, das merken Sie? –
Sehr schwach in der Geographie.
Dies eingebildete Bassin.
Es wohnte im Quartier latin.

Ein kühnes Roßhaar erklärte den andern:
Er müsse aus der Matratze wandern.
Es poche auf seine Großjährigkeit
Und es liege in seiner Roßhärigkeit
Der Trieb zum Wandern. Da rief es: »Adieu!«
Und damit schnellte es sich in die Höh'.
Ein Mensch saß auf besagter Matratze.
Das Roßhaar hüpfte auf seine Glatze,
Und weil es sehr gut gedieh an dem Orte,
So wuchsen dort bald noch mehr von der Sorte.

Es lebte an diskretem Orte
Ein Stückchen Seife, bester Sorte,
In einem Porzellanbehälter.
Das ward mit jedem Tage älter.
Weil es mit Moschusduft durchhaucht,
Ward es vom Menschen gern gebraucht.
Einstmals – das wann und wie ist schnuppe –
Geriet es in die Erbsensuppe.
Der Mensch benahm sich miserabel.
Er stach die Seife mit der Gabel,
Beroch sie roh und rief: »Pfui, Spinne!«
Da schwanden ihr vor Angst die Sinne.

Ein Pinsel mit sehr talentvollen Borsten,
Der musste viel hungern und viel dorsten.
Er war 60 Jahre alt und hieß Tipfelchen.
Aus festem Tannenholz war sein Stiel.
Er malte, und was er malte, gefiel.
Doch, wie gesagt, er litt Hunger und Durst.
Da kam eine junge fettige Wurst.
Sie wog 500 Gramm und war vom Stamme Rindvieh.
Kaum hatte der Pinsel die Wurst gesehn,
Blieb er stehn,
Bückte sich tief dabei
Knickte dann schief entzwei.
Die Wurst aber, mit Namen Schulze,
Sagte: »Mein lieber Tipfelchen,
Hier hast du ein Wurstzipfelchen,
Male mir mal drei Meter Sulze.«

Im dunklen Erdteil Afrika
Starb eine Ziehharmonika.
Sie wurde mit Musik begraben.
Am Grabe saßen zwanzig Raben.
Der Rabe Num'ro einundzwanzig
Fuhr mit dem Segelschiff nach Danzig
Und gründete dort etwas später
Ein Heim für kinderlose Väter.
Und die Moral von der Geschicht? –
Die weiß ich leider selber nicht.

Ein Pflasterstein, der war einmal
Und wurde viel beschritten.
Er schrie: »Ich bin ein Mineral
Und muss mir ein für allemal
Dergleichen streng verbitten!«

Jedoch den Menschen fiel's nicht ein,
Mit ihm sich zu befassen,
Denn Pflasterstein bleibt Pflasterstein
Und muss sich treten lassen.

Unterm Tisch

Es war ein Stückchen Fromage de brie
Das fiel untern Tisch. Man sah nicht wie.
Dort standen zwei Lackschuh mit silbernen Schnallen.
Die fanden an dem Fromage Gefallen
Und traten nach einiger Überwindung
Mit ihm in ganz intime Verbindung.
Als abends die beiden Schnallengezierten
In einer feudalen Gesellschaft soupierten,
Erhoben sich plötzlich zwei andere Schuhe
Und knarrten verlegen und baten um Ruhe
Und sagten, als alles ruhig war:
»Verehrte, es – riecht hier so sonderbar.«

Ein Nagel saß in einem Stück Holz.
Der war auf seine Gattin sehr stolz.
Die trug eine goldene Haube
Und war eine Messingschraube.
Sie war etwas locker und etwas verschraubt,
Sowohl in der Liebe, als auch überhaupt.
Sie liebte ein Häkchen und traf sich mit ihm
In einem Astloch. Sie wurden intim.
Kurz, eines Tages entfernten sie sich
Und ließen den armen Nagel im Stich.
Der arme Nagel bog sich vor Schmerz.
Noch niemals hatte sein eisernes Herz
So bittere Leiden gekostet.
Bald war er beinah verrostet.
Da aber kehrte sein früheres Glück,
Die alte Schraube wieder zurück.
Sie glänzte übers ganze Gesicht.
Ja, alte Liebe, die rostet nicht!

Arm Kräutchen

Ein Sauerampfer auf dem Damm
Stand zwischen Bahngeleisen,
Machte vor jedem D-Zug stramm,
Sah viele Menschen reisen

Und stand verstaubt und schluckte Qualm
Schwindsüchtig und verloren,
Ein armes Kraut, ein schwacher Halm,
Mit Augen, Herz und Ohren.

Sah Züge schwinden, Züge nahn.
Der arme Sauerampfer
Sah Eisenbahn um Eisenbahn,
Sah niemals einen Dampfer.

Ein Stück Bierflasche

Eine Bierflasche ging in Scherben
Am Stein am See.
Dem Manne, der sie warf,
Brachte dieser Wurf Verderben,
Besser gesagt: ein Fuß-Wehweh.
Glasscherben sind spitz und scharf.

Eine Scherbe, nicht die just gemeinte,
Reiste unfreiwillig strömungsfort.
Diese ward vom Meeresgrundesand
So gequält, daß alles Wasser weinte.

Nach Jahrenden trieb sie an den Strand,
Fernen Strand; war völlig glatt geschliffen.

Hat ein Badestrolch sie aufgegriffen,
Merkte gleich, daß sie kein Bernstein, gar
Rauchtopas oder noch edler war,
Und ließ doch das funkelschöne Ding
Kunstvoll fassen in einen Ring.

Und vererbt, gestohlen, hingegeben
Mag die Scherbe durch Jahrhunderte
Als verkannte, aber doch bewunderte
Abenteuerin noch viel erleben.

Emanuel Pips

(Zu seinem 81. Geburtstag)

Den Kammerjäger Emanuel Pips
Vom linken Ufer des Mississipps
Mochte jedermann leiden.
Er war äußerst bescheiden.
Er trug acht Zentimeter Rips
Als Anzug und einen Seiden-
faden in Grün als Schlips,
Fragte niemals nach Rennbahntips,
Hatte überhaupt keinen Grips,
Aß einmal am Tage (potato-ships),
Trank alkoholfreie Salzwasserflips,
Wurde trotz alledem magenkrank
Und starb am Schwips.

Seine kleine Büste aus Gips
Steht unter anderen Nippes
Heute auf meinem Bücherschrank.

Berichtigung: Kammerjäger Pips
Schrieb sich eigentlich innen mit Yps-
ilon, doch war so bescheiden und lieb,
Daß es ihm gleich war, wie man ihn schrieb.

Der lehrreiche, erstaunliche und gespassige Zirkus Schnipsel!

Nimm eine Schere und gib acht:
Jetzt kommt etwas, was Freude macht,
Wenn man gescheit ist und geschickt
Und sich nicht in den Daumen zwickt.

Schneid immer nach dem schwarzen Strich
Zunächst mit Fleiß und ordentlich.
(Die Oberkante aber nich'!)

Was du als viel zu lang erblickst,
Wird gut, wenn du es biegst und knickst.
Doch wie du knickst bei all den Tieren,
Das mußt du selber ausprobieren.

Erst wird es falsch, erst wird es schlecht.
Dann wird es komisch, schließlich recht.

Mal Augen, Ohren, Flügel, Fell
Mit Tusche dunkel, bunt und hell;
Und überlege dir dabei:
Ein Nilpferd ist kein Papagei.

Hast du nun alles ausgeschnitten,
Mußt du das nächste Buch erbitten,
Worin schon andre Tiere warten,
Ein ganzer zoolog'scher Garten!
Nur wenig Hals und Schwanz verdrehen,
Und mit Vergnügen wirst du sehen,
Wie sie lebendig vor dir stehen.

Viel Glück denn! Und verwechsle nie
Das Zebra mit dem Kolibri.

Ist euch das hübsche Lied bekannt
Von dem fidelen Elefant,
Der plötzlich durch das Fenster guckte
Und einen Blumentopf verschluckte?
Mein Vater hat das seinem Jungen
Oft zur Gitarre vorgesungen.
Auch Liesel sang und Mutter sang.
Großmutter hat nur still genickt
Und hat an einem Strumpf gestrickt;
Der wurde hundert Meter lang.

Ich, seit meiner Jugendzeit
Suchte stets Gelehrsamkeit.
Liebe Kinder, ihr versteht
Nicht, was mir im Kopf rumgeht.
Denn ihr seid, das will ich sagen
Dümmer als ein Straußenmagen.

Hört mir zu und zweifelt nicht,
Weil aus mir die Weisheit spricht.

Liebe Kinder, seid recht gütlich,
Denn sonst werd ich ungemütlich.
Übt Geduld und Nächstenliebe,
Sonst gibt's Hiebe!

Bist Du schon auf der Sonne gewesen?

Bist du schon auf der Sonne gewesen?
Nein? – Dann brich dir aus einem Besen
Ein kleines Stück Spazierstock heraus
Und schleiche dich heimlich aus dem Haus
Und wandere langsam in aller Ruh
Immer direkt auf die Sonne zu.
So lange, bis es ganz dunkel geworden.
Dann öffne leise dein Taschenmesser,
Damit dich keine Mörder ermorden.

Und wenn du die Sonne nicht mehr erreichst,
Dann ist es fürs erstemal schon besser,
Daß du dich wieder nach Hause schleichst.

Eine Erfindung machen

(Nur für Kinder, die keinen Schiß haben.)

Wer was erfindet, wird furchtbar reich.
Was man erfindet, ist ganz gleich.
Wenn man nur allerlei Dinge zusammenmischt,
Noch länger, als bis es zischt, und das Richtige rausfischt,
Dann wird man in wenigen Stunden
Berühmt oder macht Gold.
Ich hab auch schon mal was zur Hälfte erfunden,
Aber Wolfgang, mein Bruder wollte nicht mehr. –
Wenn ihr das etwa fertig erfinden wollt,
Will ich's euch sagen. Aber es ist sehr, furchtbar sehr schwer.
Das allerwichtigste ist die teure
Furchtbar gefährliche Salzsäure.
Entweder findet ihr die im Klosett
Hoch oben auf einem Brett.
Oder ihr müßt euch unter das Dienstmädchen stecken.
Dürft aber ja nicht dran lecken.

Erst legt ihr einen Goldfisch oder anderen Fisch –
Es kann auch ein Rollmops sein –
Nicht etwa auf den Tisch,
Sondern: Auf Elfenbein.

Und zwar auf die weißen Tasten von dem Klavier.
Müßt aber die Fische vorher mit Bier
Und Zahnpulver kneten,
Und auch erst tot treten,
Damit sie auch liegen bleiben.
Nun müßt ihr Seife, dann Zwiebel darüber reiben.
Dann müßt ihr Pfennige, Nachtleuchterstücken
Und anderes Kupfer tief in die Fische drücken,
Und nun darüber langsam die Salzsäure träufeln.
Dann holt ihr schnell eine Schaufel (eigentlich zwei Schäufeln)
Voll glühender Kohlen.
Wolfgang ließ mich damals die zweite Schaufel nicht holen.
Der dumme Ochse ist ja zu unverschämt.
Aber ihr müßt das zu Ende bringen.
Wenn ihr noch Soda und Wachs und sowas zu nehmt,
Dann wird's schon gelingen.
Und wenn eure Eltern was wollen,

Dann müßt ihr zum Trotz in die glühenden Kohlen fassen.
Und sagt nur ganz barsch: Sie sollen
Sich lieber und recht bald begraben lassen.

Stalltüren

Zwei dicke Elefanten
Wollten inkognito
Heimwandern. Doch alle Passanten
Erkannten die Elefanten
Als Flüchtlinge aus dem Zoo.

Und wenn sich auch niemand getraute,
Sie anzufassen, ward ihnen doch klar,
Daß man ihre Absicht durchschaute
Und daß nun bald was im Gange war.

Verfolgt von einem großen Heer
Von Schauvolk und Soldaten
Und Autos, Mob und Feuerwehr
Schwenkten sie links und betraten
Zwei Eingänge einer Bedürfnisanstalt –
Für Herren und für Damen –
Und äpfelten. – Schutzleute kamen
Und haben sie niedergeknallt.

»Nein«, schimpfte die Ringelnatter, »die Mode
Von heutzutage, die wurmt mich zu Tode.
Jetzt soll man täglich, sage und schreibe,
Zweimal die Wäsche wechseln am Leibe.
Und immer schlimmer wird's mit den Jahren.
Es ist rein um aus der Haut zu fahren!«
So schimpfte die Ringelnatter laut
Und wirklich fuhr sie aus der Haut.

Der Vorfall war nicht ohne Bedeutung,
Denn zoologisch nennt man das Häutung.

Übergewicht

Es stand nach einem Schiffsuntergange
Eine Briefwaage auf dem Meeresgrund.
Ein Walfisch betrachtete sie bange,
Beroch sie dann lange,
Hielt sie für ungesund,
Ließ alle Achtung und Luft aus dem Leibe,
Senkte sich auf die Wiegescheibe
Und sah – nach unten schielend – verwundert:
Die Waage zeigte über Hundert.

Ballade

Tief im Innersten von Sachsen
Überfielen eines Abends zwei
Halbwüchsige Knorpel von Schweinshaxen
Eine Bulldogge aus der Walachei.

Sie umzingelten den alten Hund.
Hinterlistig wollten sie das matte
Tier, das keine Zähne mehr im Mund
Und auch keine Haare darauf hatte,

An den Augen treffen, hinterher
Ihm die Zunge schlitzen und durch Zwicken
Seinen Gaumen reizen und noch mehr,
Um zuletzt ihn plötzlich zu ersticken.

Wollten so. Jedoch es kam nicht so.
Denn die Dogge, ohne sich zu wehren,
Zog den Schwanz ein, heulte laut und floh
Und begann sofort sich zu vermehren.

Und die neuen jungen Hunde knurrten
Schon am selben Tag, als man sie warf,
Hatten spitze Zähne, und sie wurden
Ganz speziell auf Haxenknochen scharf.

Und die Enkelhunde bissen später
Jede Haxe ohne Unterschied.
Und so rächt die Sünde sich der Väter
Bis ins tausendste und letzte Glied.

Gladderadatsch

Es hatte ein Igel sich geckenhaft und blasiert
Am ganzen Körper von oben bis unten rasiert,
Weil er abstechen wollte.
Stach wirklich auch ab. Da nahte ein Fuchs.
Worauf der Igel sich igelartig zusammenrollte.
Aber der Fuchs verschluckte ihn flugs.
Igel bat Fuchsen, ihn doch wieder auszubrechen;
Er sei ein Igel und könnte empfindlich stechen.
Und mittelst bauchrhetorischer Worte
Sprach der Fuchs: »Sie müssen verzeihn;
Ich hielt Sie für ein kindliches Schwein,
Werde nun aber sofort Sie befrein.
Wenn ich bitten darf – durch die Hinterpforte.«
Der Igel gab keinen Laut
Mehr von sich. Er war schon verdaut.

Es bildete sich ein Gemisch
Von Stachelschwein und Tintenfisch.
Die Wissenschaft, die teilt es ein
In Stachelfisch und Tintenschwein.
Der Fisch bewohnt den Ozean.
Gefährlich ist es, ihm zu nahn.
Das Tintenschwein trifft man in Büchern,
An Fingerspitzen, Taschentüchern.
Es ist – das liegt ja auf der Hand –
Dem Igelschwein noch sehr verwandt.

Die Rakete und der Kater

Hui! Die Rakete stieg. Sie fauchte
Am Dach vorbei und höher. Glühend jung.
Bis sie in wundervollem Linienschwung
In ferne, dunkle Abendwolken tauchte.
Auf jenem Dache saß ein schwarzer Kater.
Der sah die schöne Linie, und was tat er?
Zunächst: er fauchte ebenfalls.
Dann dehnte er sich, reckte seinen Hals.
Dann krümmte er den Buckel, hob ein Ohr
Und streckte seinen Schweif graziös empor,
Um jene schöne Linie nachzumachen.
Doch die Rakete oben barst vor Lachen.
Da warf sich unser schwarzer Kater
Wild auf den Rücken. Und was tat er?
Was tat er außer sich vor Wut?
Nun, was man sonst gewöhnlich nicht
Gerade auf dem Rücken liegend tut.
Er tat es kräftig, tat es reichlich, gut;
Er hatte kurz zuvor zu Haus
Zwei Babyflaschen ausgesogen.
Doch jenen herrlichen Raketenbogen – –
Nein, nein, den kriegte er nicht raus.

Wie der Wärter dem Löwen das Menschenfressen abgewöhnt hat

Der Löwenwärter der kluge Mann
Sah jeden Tag sinnend zum Fenster raus
Wie er das Menschenfressen abgewöhnen kann
Dem Löwen endlich hat er's raus.

Der Wärter war ein kluger Mann
Er zog sich eine Puppe an,
In Lebensgröße und aus Stroh
Zog ihr dann an ne'n Paletot,
Die Hosen die ihm viel zu klein
Streut er dann stark mit Pfeffer ein,
Zieht sie dann schnell der Puppe an,
Und fertig ist der ganze Mann.
Er wirft ihn zu dem Löwen dann,
Der schmunzelnd sich beschaut den Mann,
Er springt hinzu nun voller Freude,
Und beißt hinein in seine Beute,
Pfui, Spinne! – ruft er plötzlich aus
Das war einmal ein schlechter Schmaus,
Da schmeckt doch Pferdefleisch viel besser,
Ich werde nie ein Menschenfresser,

Er lärmt und brüllt: das ist nicht recht,
Das ist doch wirklich mehr als schlecht,
Mir solches Menschenfleisch zu geben,
Ja, ja! so sind die Menschen eben,
Er tat seit dieser bösen Zeit,
Nicht einem Menschen mehr ein Leid,
Der Löwe hat das Fressen satt
An einem Mensch der Hosen hat.

Im See

Der Häring erzählt zur nächtlichen Zeit
Dem Walfisch die letzte Neuigkeit:

Frau Aal hat neulich den Hummer geneckt,
Indem sie ihn aus dem Schlummer geweckt.

Da gab es einen großen Disput.
Der Hummer fauchte und kochte vor Wut
Und weil er kochte, so wurde er rot
Und als er rot war, da war er schon tot.

»Ja«, seufzet der Walfisch und weint gar sehr,
»Ja, tote Hummer, die leben nicht mehr.«

Weltverkehr

Horch! Eine Stimme aus dem Radio rief:
»Ich bin der unbekannte Fisch Plattunde.
Ich lebe auf dem Meeresgrunde
So schätzungsweise fünfzehntausend Meter tief.
Ihr Menschen hört, ich möchte gar zu gern
Einmal den Flieger Udet kennenlern.«

In einer Höhe von genau zwölftausend
Elfhundert Metern durch die Lüfte sausend,
Erwiderte Herr Udet so:
»Mein lieber, unbekannter Fisch im Meere,
Ich habe Ihren Wunsch vernommen.
Auch ich ersehne ein Zusammenkommen.
Auf meiner Seite wäre ja die Ehre.
Bestimmen Sie per Radio
Nur bitte wann? und wie? und wo?«
Kaum war dies Zwiegespräch gesprochen,
So ward das Meeresspiegelglas
Von einem kleinen Fisch durchbrochen,
Der eine Fliege schnappte und sie fraß.

Hagenbeck kommt!

Hilfe Hagenbeck kommt an,
Rette sich wer irgend kann
Eilich flichtet die Giraffe,
Von dem Baum entflieht der Affe,
Und 'ne große Herde Gnus,
Left nun wie e' Hasenfuß!
Selbst bei dieser Schreckensscene,
Macht der Ticher große Bene!
Und e' Nilpferd, welchn' Schreck,
Fält vor Eile in d'n Treck.
Selbst de große Nilgazelle,
Laift jetzt mit des Blitzesschnelle,
Dromedar und Maskenschwein,
Scheinen sehr voll Furcht zu sein,
Und das Nashorn wie mar'ch nennt
An e großen Baum sich rennt,
Cha, der große Elefant,
Kommt nu' werklich angerant.
Plötzlich doch ertönt das Wort,
Freit eich, Hagenbeck ist: fort.

Das Feuer zischt mit rotem Kopf –
Am Herd – da stehet Topf an Topf.
Drin kocht und siedet dies und das;
Die Köchin geht und holt noch was!
Kaum ist sie fort – die Küche leer,
Geht's auf dem Herd lebendig her!
Das Feuer prasselt – bli! bla! blu! –
Der gute Herd – der brummt dazu.
In Topf und Töpfchen regt es sich
Und zischt und brodelt wunderlich.
Aus jedem tönt ein Stimmchen vor,
Und geht ihr hin und spitzt das Ohr,
Dann hört ihr – ei, das wird ein Spaß! –
Ein jeder Topf erzählt euch was.
Und was noch kochend drinnen liegt,
Weil ihr es erst heut' mittag kriegt,
Sagt, was erlebt' es wundersam,
Bevor es in den Kochtopf kam.
Drum kommt und hört – es ist nicht schwer –
Es freut bei Tisch euch sicher sehr,
Dieweil ihr mehr wie alle wißt
Von dem, was man zu Mittag ißt!

»Hört!« rief die Kartoffel, »ich weiß eine tolle
Geschichte von einer Zauberknolle,
Die einen Regenwurm in ein Blatt
Und dann in ein Heupferd verwandelt hat!«
Und die Kartoffel wollte beginnen – –
Da war kein Wasser im Topf mehr drinnen.
So platzte ihr schönes Kartoffelkleid.
»Ach!« jammerte sie, »es tut mir so leid,
Ich würde euch gern die Geschichte erzählen,
Doch ist es zu spät – ich muß mich jetzt schälen.«

So sprach die Kartoffel und drehte sich um
Und blieb von dieser Minute an stumm!

Es liegt in seinem Topfe
Ein Braten feist und schwer
Und sagt mit rotem Kopf:
»Allhier gefällt mir's sehr!

Das gute liebe Feuer
Wärmt mich so wohlig an;
Das freut mich ungeheuer,
Wär' ich nur näher dran!«

Er hat sich immer näher
Zum Feuer hingewandt,
Da – pff! – ein Schrei, ein jäher,
Schon ist er angebrannt.

Da kommt die Köchin wieder
Und merkt sofort, was los;
Zum Braten schaut sie nieder –
O weh! – der Schreck ist groß! –

Am Fensterbrett zwei Raben,
Die plappern frech und dreist:
»Wer's gar zu warm möcht' haben,
Der brennt sich auch zumeist!«

»Das kommt von solcher Prahlerei!«
So schimpfte zornig ein Spiegelei
Und zischte über dem Feuer und wallte
Und brodelte, prustete, spritzte und knallte.
Man fragte es, warum es so zornig sei –
Und da erzählte das Spiegelei:

»Es war zum fröhlichen Osterfest;
Vier Eier lagen in einem Nest,
Das eine aus Schokoladeguß
War braun, als wie eine Haselnuß.
Die andern weißen riefen: ›Wie schade!
Ach, wären wir auch aus Schokolade!‹
›Ja‹, prahlte das braune, ›ihr armen Schlucker,
Ihr seid ja noch nicht einmal aus Zucker!‹
Da riefen die andern Eier: ›Juchhei!‹
Und schlugen einander die Köpfe entzwei.

Nun kroch aus jedem der Eier ein Küken,
Nur aus den haselnußbraunen Stücken
Kam nichts. Die waren ganz hohl und leer;
Da weinten sie nun und schämten sich sehr!«

»Ach, was sind die Menschen schlecht!«
Jammerte im Topf der Hecht.

»Als ich noch im Fluß geschwommen,
Ist einmal ein schöner junger
Weißfisch mir entgegengekommen,
Da bekam ich großen Hunger.

Und aus Liebe und Behagen
Hab' ich gleich ihn aufgefressen.
Aber ach! – in seinem Magen
Hat ein Häkchen festgesessen.

An dem Häkchen hing die Angel,
Und die Angel hielt der Bauer,
Und der Bauer lag schon lange
Hinterm Schilfe auf der Lauer.

Bauer packte mich am Kopfe –
Ach! da half kein Zappeln, Beißen,
Und nun koch' ich in dem Topfe,
Und man wird mich wohl verspeisen.«

Eine Zwiebel sprach zum Hecht:
»Siehst du, das geschieht dir recht!«

»Verzeihen Sie, wenn ich störe!«
Rief ein Apfel aus der Röhre;
»Was ich erlebt, das glaubt man kaum,
Ich hing an einem Apfelbaum;
Der Baum stand dicht vor einem Haus,
Dort wohnt der Bauer Nikolaus.
Da sah ich nachts – beim Mondenschein,
Es stieg ein Dieb zum Fenster ein.
Ich aber, um ihn zu vertreiben,
Fiel ab – und pochte an die Scheiben.
Der Dieb, der dachte sich: ›Oho!‹
Er ließ das Geld im Stich und floh!
So hab' ich Nikolaus beschützt,
Es hat mir aber nichts genützt.
Mit grober Hand griff mich der Bauer,
Besah mich lang und sagte: ›Sauer!‹ –
Nun muß ich hier im Topfe kochen,
Mir ist das Herz schon fast gebrochen.
Das eine aber ist mir klar:
Die Menschen sind oft undankbar!«

Die gelben Rüben waren gar,
Darunter auch ein Zwillingspaar,
Und dieses Wurzelzwillingspärchen
Erzählte ein famoses Märchen:

»Es war einmal ein gelbes Rübchen,
Das hatte viele tiefe Grübchen
Und nicht ein einzig grünes Blättchen;
Da ging es ganz betrübt ins Bettchen.
Daneben stand ein Schwammerling,
Das war ein allerliebstes Ding;
Ein Hütchen trug der kleine Pilz
Aus feinstem dunkelbraunem Filz,
Und auch das Röckchen weiß und nett.
Das Rübchen aber lag im Bett
Und jammerte und weinte sehr:
›Ach, wenn ich so ein Pilz doch wär'!‹

Einst kam vom Berg herab ins Tal
Der gute Erdgeist Rübezahl.
Der sah das arme gelbe Rübchen
Und fragte: ›Ei, wie geht's, mein Liebchen?‹
Das Rübchen sagte, wie's ihm ging,
Es sei ein gar so häßlich Ding
Und wäre gern ein Schwammerling.
Herr Rübezahl rief: ›Gut – es sei!‹
Und zählte: Eins und zwei und drei!

Da war das gelbe Rübchen fort,
Ein neuer Schwammerling stand dort!
Der Erdgeist Rübezahl verschwand.
Wohin ist leider unbekannt.

Die Schwammerlinge lachten hell
Und küßten sich und wuchsen schnell.
Da ist ein kleines Mädchen kommen,
Das hat die beiden mitgenommen.
Das kleine Mädchen, das hieß Ilse
Und aß besonders gerne Pilze!«

In einem blauen Blechtopf fing
Das Wasser an zu brummen:
»Das böse Feuer macht mich heiß
Und läßt mich ganz verdummen!

Vom Berg, wo tausend Blumen blüh'n
Im lieben Sonnenscheine,
Da sprang ich einst voll Übermut
Ins Tal von Stein zu Steine.

Ich lief gar froh durch Feld und Au
Und trieb manch Mühlenrädchen;
Nach meinen Fischlein angelt' oft
Ein Bübchen oder Mädchen.

So kam ich einst auch in die Stadt,
Da sah ich schon von ferne
Ein großes, rundes, schwarzes Loch;
Was drin ist, wüßt' ich gerne.

Ich lief hinein – o weh, o weh!
Drin lacht kein Sonnenschimmer,
Ich war in einem dunkeln Rohr.
Zurück! – das konnt' ich nimmer!

So lief ich denn geradeaus
Und kam in viele Röhren,
Da schaut' ich keine Kinder mehr,
Konnt' keine Vöglein hören.

Doch plötzlich sah ich Licht – und lief
Nach vorne unverdrossen –
Und bin aus meinem Brunnenrohr
In diesen Topf geflossen.

So kam ich in der Küche an
Und war schon ganz zufrieden –«

Da ging dem Wasser der Atem aus,
Denn es begann zu sieden!

Dort im heißen Bad ein Hummer
Brummt erzürnt: »Schockschwerenot!
Diese Hitze färbt mein schönes
Grünes Kleid ganz purpurrot.

Ei, war das ein fröhlich Leben,
Als ich noch im tiefen Schlamm
Mit Frau Kröte, meiner Base,
Friedlich einst im Teiche schwamm.

›Vetter Hummer!‹ rief Frau Base
Da auf einmal mit Gekreisch,
›Schaut, dort unterm Weidenstamme
Schwimmt ein Happen gutes Fleisch!‹

Kaum hört das die Frau Forelle,
Schießt sie zu auf jenes Stück;
Aber ich war grad so schnelle,
Hielt sie fest am Schwanz zurück!

Schwamm dann selber rasch hinüber,
Voller Hunger, voller Gier –
Schwapp! – da lag ich schon im Grase,
Und das Fleisch lag neben mir.

Also hat man mich gefangen,
Niemand hilft mir in der Not.
Schuld an allem ist die Kröte ...«
Uff! – da war der Hummer tot!

Ein Pudding, der hat sich gebrüstet:
»Ich bin doch am besten gerüstet!
Mich schmücken Rosine und Mandel,
Ich habe Schokolade und Kandel.
Mich lieben die Großen und Kinder,
Die Alten – die Jungen nicht minder.
Und Ritter und Nixen und Drachen
Und Fürsten und Könige lachen
Und freuen sich, wenn ich geraten
Und wenn sie zum Essen geladen.
Mich ißt man mit höchstem Genusse –
Und darum – drum komm' ich zum Schlusse,
Denn wär' ich schon vorher gekommen,
Hätt' niemand von euch was genommen.«
Kaum hört ihn die Köchin so reden,
Da ist an den Herd sie getreten
Und schüttet die Himbeersauce
Ihm über die Zunge, die lose.
So endet' des Puddings Geschichte;
Das freute die andern Gerichte!

Abschiedsworte an Pellka

Jetzt schlägt deine schlimmste Stunde,
Du Ungleichrunde,
Du Ausgekochte, du Zeitgeschälte,
Du Vielgequälte,
Du Gipfel meines Entzückens.
Jetzt kommt der Moment des Zerdrückens
Mit der Gabel! – – Sei stark!
Ich will auch Butter und Salz und Quark
Oder Kümmel, auch Leberwurst in dich stampfen.
Mußt nicht so ängstlich dampfen.
Ich möchte dich doch noch einmal erfreun.
Soll ich Schnittlauch über dich streun?
Oder ist dir nach Hering zumut?

Du bist ein so rührend junges Blut. –
Deshalb schmeckst du besonders gut.
Wenn das auch egoistisch klingt,
So tröste dich damit, du wundervolle
Pellka, daß du eine Edelknolle
Warst, und daß dich ein Kenner verschlingt.

O Welt in einem Ei

O Welt im Ei, von Haut
Und Schale rings umgeben!
Wenn dich die Sonne schaut,
Beginnt dein freieres Leben.

Dann lebst du, wie dein Ahne will,
Als Strauß, als Fisch, als Krokodil,
Als Huhn ein Mehrerwachen,
Ein größeres Glück und größere Qual
In einem weiteren Oval.
Bis neue Schalen krachen.

O Welt in einem Ei,
Wie Wichtiges entscheidet sich,
Geht deine Wand entzwei.
Vielleicht verschlingt man, kocht man dich,
Ißt dich mit Senf, mit Kaviar
(Störs ungezählten Eiern!).

Und wenn sie Ostern feiern,
Die dich verschlucken roh und gar,
Dann lachen sie und spaßen
a conto Osterhasen.
Doch wer von ihnen denkt dabei
An dich, du Mikrowelt in einem Ei?!

An meinen Kaktus

Du alter Stachelkaks,
Du bist kein Bohnerwachs,
Kein Gewächs, das die Liebe sich pflückt,
Sondern du bist nur ein bißchen verrückt.

Ich weiß, daß du wenig trinkst.
Du hast auch keinerlei Duft.
Aber, ohne daß du selber stinkst,
Saugst du Stubenmief ein wie Tropenluft.

Du springst niemals Menschen an oder Vieh.
Wer aber mit Absicht oder versehentlich
Sich einmal auf dich
Setzte, vergißt dich nie.

Ein betrunkener, lachender Neger
Schenkte dich mir, du lustiges Kleines,
Daß ich den Vater ersetze dir kantigem Ableger
Eines verrückten, stets starren Stachelschweines.

Die Seifenblase

Es schwebte eine Seifenblase
Aus einem Fenster auf die Straße.

»Ach nimm mich mit Dir«, bat die Spinne
Und sprang von einer Regenrinne.

Und weil die Spinne gar nicht schwer,
Fuhr sie im Luftschiff über's Meer.

Da nahte eine böse Mücke,
Sie stach ins Luftschiff voller Tücke.

Die Spinne mit dem Luftschiff sank
Ins kalte Wasser und ertrank.

Der Stein

Ein kleines Steinchen rollte munter
Von einem hohen Berg herunter.

Und als es durch den Schnee so rollte,
Ward es viel größer als es wollte.

Da sprach der Stein mit stolzer Miene:
»Jetzt bin ich eine Schneelawine.«

Er riß im Rollen noch ein Haus
Und sieben große Bäume aus.

Dann rollte er ins Meer hinein,
Und dort versank der kleine Stein.

Die Nadel

Ein Schneider eine Nadel fand,
Die stach den Schneider in die Hand.

Der Schneider sprang entsetzt zurück,
Die Nadel sprach, ich bring' dir Glück.

Der König hörte Schneiders Leid
Und er bestellte sich ein Kleid.

Der Schneider nähte dieses gleich;
Am andern Tage war er reich.

So hat die Nadel über Nacht
Dem armen Schneider Glück gebracht.

Der Knopf

Es war ein Knopf an Fritzens Mütze,
Der machte ungezog'ne Witze.

Erst strampelte er stundenlang,
Worauf er von der Mütze sprang.

Er fiel auf einen Kieselstein,
Dort schlief er ganz ermüdet ein.

Und eine Schlange sah den Schläfer;
Sie dachte sich, es sei ein Käfer.

Und weil der Käfer ihr gefiel,
So fraß sie ihn mit Stumpf und Stiel.

Das Samenkorn

Ein Samenkorn lag auf dem Rücken,
Die Amsel wollte es zerpicken.

Aus Mitleid hat sie es verschont
Und wurde dafür reich belohnt.

Das Korn, das auf der Erde lag,
Das wuchs und wuchs von Tag zu Tag.

Jetzt ist es schon ein hoher Baum
Und trägt ein Nest aus weichem Flaum.

Die Amsel hat das Nest erbaut;
Dort sitzt sie nun und zwitschert laut.

Der Wassertropfen

Ein Wassertropfen fiel vom Himmel;
Es war ein ungezog'ner Lümmel.

Im Grase schlief ein dummer Hase,
Der Tropfen fiel auf seine Nase.

Der Hase dachte sich dabei,
Daß er jetzt totgeschossen sei.

Er sprang in seinem großen Schreck
Aus seinem sicheren Versteck.

Der Jägersmann stand an der Straße
Und schoß ihn wirklich in die Nase.

Die Feder

Ein Federchen flog über Land;
Ein Nilpferd schlummerte im Sand.

Die Feder sprach: »Ich will es wecken«;
Sie liebte, andere zu necken.

Aufs Nilpferd setzte sich die Feder
Und streichelte sein dickes Leder.

Das Nilpferd öffnete den Rachen
Und mußte ungeheuer lachen.

Etwas wie sehnende, nagende Glut

Die Frau mit der Reiherfeder

Ich weiß nicht genau
Warum ich so oft an die bleiche Frau
Mit der weißen Reiherfeder gedenke,
Mich immer in den Gedanken versenke:
Wie könnte es werden, wie würde es sein,
Wäre sie dein. – –
Ich weiß es nicht und frage vergebens.
Sie ist auf dem bunten Wege des Lebens
Irgendwo still mir vorübergegangen,
Die schöne Frau mit den bleichen Wangen.
Sie hat mich mit kalten Blicken gemessen;
Wir haben kein einziges Wort getauscht,
Doch sie hat mich mit fremden Zauber berauscht,
Daß ich sie nimmer werde vergessen.
Etwas wie sehnende, nagende Glut
Will mir das pochende Herz zerreißen,
Denk ich der bleichen Frau mit der weißen,
Wehenden Reiherfeder am Hut.

Schöne Frau ging vorbei

Eine Falte in deinem Kleid
Hat wie eine Woge geschaukelt,
Hat Träume mir vorgegaukelt:
Wie schön ihr seid, wie ihr seid.

Einer Woge glich diese Falte,
Von deinem Atem aufgewühlt.
Und trotzig hat diese kalte
Welle dein warmes Fleisch umspült.

Es glätten keine Bedenken solch
Bezaubernd wogende Faltung.
Ich ging an dir vorbei, wie ein Strolch
An einer städtischen Verwaltung.

Zimmermädchen

Die Zimmermädchen der Hotels,
Die meine Betten schlagen und dann glätten,
Ach wenn sie doch ein wenig Ahnung hätten
Vom Unterschiede zwischen Polster und Fels.

Ach wüßtet ihr, wie süß ihr für mich ausseht
Im Arbeitskleid, ihr Engel der Hotels!

Wenn wirklich eine heimlich mit mir ausgeht,
Dann trägt sie Seide und trägt sogar Pelz,
Sei's auch nur Wunderwandlung Hasenfells.

Dann im Café krümmt ihr beim Tasseheben
Den kleinen, roten Finger nach Manier.

Und du merkst nicht, wie gern ich doch mit dir
Oft eine Stunde möchte unmanierlich leben.
Und würde dann – nebst Geld – als Souvenir
Ein schließend, stilles, zartes Streicheln geben.

Und würdet ihr dies Streicheln doch nicht spüren.
Denn ihr bedient nur Nummern an den Türen.

Und wenn sie schlichte Ehre eng verschließen,
Dann dienen sie, da andere genießen.

Hab ich euch tausendmal in Korridoren
Heiß zugesehn und heiser angesehn,
Was ich erträumte, war voraus verloren.
Denn meine Liebe könnt ihr nicht verstehn.

Passantin

So schöner Wuchs! So schöne Haut!
So schöne Hände, schöne Haare.
Ganz Frauenanmut. – Und für wen gebaut?
Und für wie viele Jahre?

Aus Worten, Augen streichelt mich ein Geist,
Der mir gefällt und heimlich schön verspricht.
Für mich so schön, vielleicht für andre nicht. –
Was nützt es mir, da es vorüberreist.

Und nützt mir doch, kann meine Phantasie
Versagtes in Konvexes übertragen. –

Die Wolke, die dich labt, du fängst sie nie;
Sie hört dich nicht und du kannst ihr nichts sagen.

Vorm Brunnen in Wimpfen

Du bist kein du,
Wasser. – Hättest nicht Ruh,
Mich auszuhören.

Ihr fließet immerzu
Und immer weiter und möglichst weit.

Wie euch der Brunnen aus eisernen Röhren
In den heißen Althäuserplatz speit,
Erdengeläutert und ausgekühlt;
Da ihr alte und neue Zeit
Und den Himmel abkonterfeit, –

Siehet mein durstiges Staunen
In euch doch immerzu andre.
Immer wieder mit über den Rand gespült,
Fängt es aus eurem Raunen
Nur eines auf: Wandre!

Von euch möcht ich trinken.

Ihr würdet lau, wenn ihr stehenbliebt,
Ihr würdet trüb. Ihr würdet verweilend
Faulen und stinken.

Was kümmert's euch, ob ein Mensch euch liebt.
Dauernd zerteilt euch selber enteilend,
Seid ihr getrieben ein treibendes
Ganzes, rein Bleibendes.

Lustig quasselt

Lustig quasselt der seichte Bach.
Scheinchen scheppern darüber flach.
Stumm gegen die Wellchen steht ein Stein,
Sieht – wie mir scheint –
Ernst aus und verweint.

Denn es macht traurig, unbequem zu sein.

Verlockung

Ich sitze fast einsam im warmen Raum.
Die graue Katze hat sich zu mir gesellt.
Irgend jemand – ich sah es kaum –
Hat mir den Wein auf den Tisch gestellt.

Ein schmeichelndes Fell streicht meine Hand,
Die so verwöhnt in diesem Haus.
Der Ampelschatten an der Wand
Streckt lange Spinnenbeine aus.

Aus trübem Glase blinzelt ein Licht.
Es tickt die Uhr, verträumt, verjährt, – –
Noch ist die schwüle Stunde nicht,
Da hier die Freude schäumt und gärt.

Im Nebenraum erwachen weiche Lieder.
Ich will von dieser Stimme heut nichts wissen,
Und doch – – – Ich denke an verbuhlte Kissen,
An weiße Spitzen, an ein schlankes Mieder.

Ich stehe, – gehe, – kämpfend, zweifelnd, – lauschend – –
Vorbei! – – Und hinter mir rauscht die Portiere.
Mit einem Duft von indisch süßer Schwere
Küßt mich der Wollust holdes Gift berauschend.

Eine von denen

Du weißt, daß sie mit Fingern auf dich zeigen.
Du hörst sie flüstern: »Eine nur von denen – –«,
Und willst mir doch dein großes Leid verschweigen
Und dieses hoffnungsferne, wilde Sehnen.

Die bleichen Wangen werden dir Verräter,
Die hohlen Augen nennen dich verbittert:
Es ist das bange Grausen vor dem »Später«,
Das hinter jedem deiner Worte zittert.

Nimm hin dein Geld. Ich will, du sollst dich freuen
Und will dir deine welken Rosen schenken.
Du wirst so manche Stunde noch bereuen
Und dieser einen einmal warm gedenken.

Hafenkneipe

In der Kneipe »Zum Südwester«
Sitzt der Bruder mit der Schwester
Hand in Hand.
Zwar der Bruder ist kein Bruder,
Doch die Schwester ist ein Luder,
Und das braune Mädchen stammt aus Feuerland.

In der Kneipe »Zum Südwester«
Ballt sich manchmal eine Hand,
Knallt ein Möbel an die Wand.

Doch in jener selben Schenke
Schäumt um einfache Getränke
Schwererkämpftes Seemannsglück.
Die Matrosen kommen, gehen.
Alles lebt vom Wiedersehen.
Ein gegangener Gast sehnt sich zurück.

Durch die Fensterscheibe aber träumt ein Schatten
Derer, die dort einmal
Oder keinmal
Abenteuerliche Freude hatten.

Seefahrt

Wie viele Gedanken begleiten,
Erwartend die Schiffe, hin, her, von Land!

Manchmal gleichen auf See die Zeiten
Dachzimmerchen ohne Wand.

Wenn Schiffe verschollen geblieben,
Untergegangen sind,
Fragt niemand mehr: Welcher Wunsch, welcher Wind
Hat das Schiff in die Ferne getrieben?

Was ist's, was die Schiffe meistert,
Durch die Möglichkeiten sie leitet?
Der Mut, der den Weltblick begeistert,
Rauhleben, das Kleinblicke weitet.

Mit Ehrlichkeit durch Gefahr. –

Vielleicht ist das morgen nicht mehr.
Doch Seefahrt, wie vordem sie war,
War wunderbar.
Roch nach Gewürzen und Teer.

Jene brasilianischen Schmetterlinge

Wie schön ihr angezogen seid!
Simpelfarbig ist unsere Menschenhaut
Und hat noch Hitzpickel am Gesicht.
Aber ich denke das ohne Neid.
Ihr renommiert wahrscheinlich auch nicht
Mit euren sonnenmetallischen Flügeln.
Sie sind euer einziges Kleid.
Ihr braucht es niemals zu bügeln.
Und wenn ich es täte, dann ginge
Es sicher entzwei.
Und euer Leben, ihr Schmetterlinge,
Huscht sowieso wie ein Sternschnupp vorbei.
Drum seid ihr Ochsen, wenn ihr's nicht genießt.
Dauernd saufen, naschen, geschlechtlich paktieren!
Derart keine Zehntelsekunde verlieren!
Bis euch der deutsche Professor aufspießt.

Die europäischen Fernen
Kennenzulernen,
Was euch das Leben nie bot,
Was ihr damals auch nie gewollt noch begriffen hättet, –
Nun wär's euch. – – Zwischen Gläser gebettet
Leuchtet ihr so geduldig tot.
Broschen seid ihr und Fächer.
Ich habe aus euch einen Aschenbecher;
Aber er tut mir so leid.
Ich streue die Asche lieber daneben.
Denn euch brachte das schöne Kleid
Um euer junges, brasilianisches Leben.

Flaschenpost

Sie kämpften vergebens. Der Tod, er winkt.
Das Schiff geborsten. Es sinkt – es sinkt
Hinab in die Tiefe und schaurig klingt
Der Mannschaft Fluchen und Weinen.
Nur der Schiffer steht ruhig im wilden Orkan.
Er weiß, er hat seine Pflicht getan.
Noch ein scharfer Befehl, dann schließt er sich ein.
Eine Flasche leert er vom köstlichsten Wein
Auf Glück und Segen der Seinen.
Es gurgelt im Schiffsraum. Zur Eile 's ihn treibt.
Er greift nach Tinte und Feder.
Des Schiffes Schicksal und Grüße schreibt
Er an Weib und Kind und den Reeder.
Und die letzte Botschaft nach Seemannsbrauch
Vertraut er der Flasche gläsernem Bauch,
Versiegelt den Hals, dann seufzt er schwer,
Und über die Rayling ins brausende Meer
Wirft er das Glas mit dem Briefe.
– – Ein Schiff ruht mehr in der Tiefe. –

Am fernen Strande im Sonnenschein
Da spielen zwei Kinder mit Muschel und Stein.
Auch ihnen im Herzen die Sonne scheint;
Sie wissen ja nicht, daß die Mutter jetzt weint
Um den Mann, der lang nicht geschrieben,
Vielleicht – auf dem Meere geblieben.
Eine Flasche treibt auf dem Wellengespiel
Und bietet den Kleinen ein prächtiges Ziel.

Hei, wie in der Sonne sie blinket.
Und hurtig von linkischer Kinderhand
Wird Stein auf Stein nach der Flasche gesandt.
Wie strahlt vor Freude das Kindergesicht,
Als endlich das gläserne Schiff zerbricht
Und jäh im Wasser versinket. – –

Das Meer birgt schweigend am Grunde
Voll Mitleid die traurige Kunde.

Segelschiffe

Sie haben das mächtige Meer unterm Bauch
Und über sich Wolken und Sterne.
Sie lassen sich fahren vom himmlischen Hauch
Mit Herrenblick in die Ferne.

Sie schaukeln kokett in des Schicksals Hand
Wie trunkene Schmetterlinge.
Aber sie tragen von Land zu Land
Fürsorglich wertvolle Dinge.

Wie das im Winde liegt und sich wiegt,
Tauweb überspannt durch die Wogen,
Da ist eine Kunst, die friedlich siegt
Und ihr Fleiß ist nicht verlogen.

Es rauscht wie Freiheit. Es riecht wie Welt. –
Natur gewordene Planken
Sind Segelschiffe. – Ihr Anblick erhellt
Und weitet unsre Gedanken.

Der Untergang der »Jeanette«

Im Norden, fern der Heimat, dringt gedämpft
Gebet empor vom Borde der »Jeanette«,
Die mit den Massen Eises furchtbar kämpft,
Daß sie sich aus des Todes Armen rette.

Und berstend kracht das Eis, die Schollen tosen
Und schlagen wütend an des Schiffes Planken:
Todmüd vom Kampfe knien die Matrosen,
Weit in der Heimat weilen die Gedanken.

Und immer stärker preßt das Eis im Grimme,
Als wollt's sein Opfer unentrinnbar fassen ...
Da tönt des Kapitäns Kommandostimme:
»Die Boote los! All' Mann das Schiff verlassen!«

Wie stehn die rauhen Männer nun so traurig
Und weinen um des Schiffes Untergang ...
Hoch in den Masten heult der Wind so schaurig,
Dem treuen Fahrzeug ist's der Grabgesang ...

Das sie so lange trug, es ruht da unten!
Das war des stolzen Schiffes letzte Reise ...
Dahin! – Indessen ist der Tag entschwunden,
Tief purpurn malt das Nordlicht auf dem Eise.

Segler

Weiße oder braune
Flügel führen schaukelndes Holz
Leise durchs Wasser fort:
Fischer? Lustfahren nach Laune?
Oder Sport?

Aus dem Hafen läßt sich stolz
Ein stattliches Vollschiff leiten,
Um draußen vom Klüver bis zum Besan
Schweres Tuch auszubreiten
Und selbständig dann durch den Ozean
Zu gleiten.

Es schwankt eine kleine Stadt im Sturm
Unterm Befehl vom Kommandoturm. –
Schaumwirbelnde Wellen springen
Um ihre Mauern. – Die See wird wild
Und wieder mild. – Es wechselt das Bild
Immer neu. –
Die Matrosen singen
Und ziehen an Tauen Hand über Hand,
Und bringen Schätze von Land zu Land.
Ahoi!

Durchnäßte Kleider. – Vereister Bart. –
Viel Arbeit und Wache um Wache. –
Ein harter Beruf in der Segelschiffahrt!
Doch es ist eine ehrliche Sache,
Und eine schöne, wenn Meer und Wind
Den Seglern gnädig sind.

Zweier Seeleute Wiedersehen

Über die Zeit hinüber
Ging ein gutes Wort,
Blies wie ein Nasenstüber
Alle anderen Fragen fort.

Andres Land und andre Politik
Heute.
Doch nun wie damals, für einen Augenblick
Waren wir Seeleute.

Und just um dieselben Stunden
Hat sich irgendwo ein Liebespaar
Geküßt. Und auch für diese war
Die ganze andere Welt verschwunden.

Meine alte Schiffsuhr

In meinem Zimmer hängt eine runde,
Alte, achteckige Segelschiffsuhr.
Sie schlägt weder Glasen noch Stunde.
Sie schlägt, wie sie will, und auch nur,

Wann sie will. Die Uhrmacher gaben
Sie alle ratlos mir zurück;
Sie wollten mit solchem Teufelsstück
Gar nichts zu tun haben.

Und gehe sie, wie sie wolle,
Ich freue mich, weil sie noch lebt.
Nur schade, daß nie eine tolle
Dünung sie senkt oder hebt

Oder schüttert. Nein, sie hängt sicher
Geborgen. Doch in ihr kreist
Ein ruhelos wunderlicher
Freibeuter-Klabautergeist.

Nachts, wenn ich still vor ihr hocke,
Dann höre ich mehr als Ticktack.
Dann klingt was wie Nebelglocke
Und ferner Hundswachenschnack.

Und manche Zeit versäume
Ich vor der spukenden, unkenden Uhr,
Indem ich davon träume,
Wie ich mit ihr nach Westindien fuhr.

Kopf hoch, mein Freund!

Laß sie nur die Köpfe hängen lassen,
Wenn die Köpfe ihre eignen sind.
Wir, wir wollen unsre Segel brassen
In den Wind.

Wir, in unserm Alter, wollen wissen,
Daß der Weg nun wieder rückwärts führt. –
Glücklich, wer den freien Drang noch spürt,
Das Getrunkne über Bord zu pissen.

Wenn die Wetter lange düster grollen,
Glücklich, wer dann trotzig lächeln kann,
Ohne Herr der Woge sein zu wollen;
Sondern nur »auf See ein Fahrensmann«.

Dreijähriger Seifenbläser

Nicht ein Kind, das Pfeife raucht,
Sondern diese Pfeife
Ernst in Seifenwasser taucht,
Bläschen bläst aus Seife.

Dieser junge Firlefanz
Sendet Luftballone,
Schillernd wie Perlmutterglanz
Aus von dem Balkone.

Freut sich, bis sie leicht entflohn,
Freut sich am Entstehen,
An der Fabrikation.

Doch wohin sie gehen,
Dirigiert vom kleinsten Wind
Und wie bald zerrissen
Sie zerschellte Welten sind,
Weiß es nicht, und soll solch Kind
Auch noch gar nicht wissen.

Flugzeuggedanken

Dort unten ist die Erde mein
Mit Bauten und Feldern des Fleißes.
Wenn ich einmal nicht mehr werde sein,
Dann graben sie mich dort unten hinein,
Ich weiß es.

Dort unten ist viel Mühe und Not
Und wenig wahre Liebe. –
Nun stelle ich mir sekundenlang
Vor, daß ich oben hier bliebe,
Ewig, und lebte und wäre doch tot – –
O, macht mich der Gedanke bang.

Mein Herz und mein Gewissen schlägt
Lauter als der Propeller.
Du Flugzeug, das so schnell mich trägt,
Flieg schneller!

Ein ehemaliger Matrose fliegt

Ich bin einst in Seemannsjahren
Oft elbauf, elbab gefahren.
Auf der Seite, wo wir dann Stadt Altona
Sichteten, stand ich an Deck und sah.

Sah ein Haus. Vom Schornsteinruß geschminkt,
Kiekt es lustig nach der Elbe hin.
Und ich wußte: Meta wohnt darin.
Wenn ich dort vorbeigefahren bin,
Hat sie mir und hab ich ihr gewinkt,
Ein Signal »Ich liebe dich«.
Und ich sah sie, und sie sah auch mich.

Heute flog ich über das vertraute
Altona. Hab nicht das Haus entdeckt.
Doch ich hab die Hand hinausgestreckt,
Hab gewinkt, wie ich es einst getan.
Und ich wußte: Meta schaute,
Winkte auf nach meinem Wolkenkahn
Oder wie sie's nennen, »Aeroplan«.

Wenn man sich auch sonst von nah,
Teufel eins, viel lieber sah,
Dacht ich doch verliebt und bang
Oben dort im Wolkenhang:

Wenn ich jetzt hinunterstürze,
Fängt mich Meta in der Schürze
Auf.

Schiff 1931

Wir haben keinen günstigen Wind.
Indem wir die Richtung verlieren,
Wissen wir doch, wo wir sind.
Aber wir frieren.

Und die darüber erhaben sind,
Die sollten nicht allzuviel lachen.
Denn sie werden nicht lachen, wenn sie blind
Eines Morgens erwachen.

Das Schiff, auf dem ich heute bin,
Treibt jetzt in die uferlose,
In die offene See. – Fragt ihr: »Wohin?«
Ich bin nur ein Matrose.

An ein startendes Flugzeug

Da stehst du in nächster Nähe
Vor mir, stumm, starr, dumm und grau.
Torkle davon, du listige Krähe,
Töff töff und surr und dann auf in das Blau.

Weiß ich doch, daß du ganz genau weißt,
Was du zu tun hast, damit du fliegst.

Wenn du so leicht in den Lüften kreist,
Ein wenig wippst und ein wenig dich wiegst,
Fehlt nur noch, daß du trillerst und singst
Wie ein Vogel im erdfernen Glück.
Ach dann scheint uns: Am liebsten gingst
Du gar nicht wieder zum Boden zurück.

Um Gottes willen, du Loser, entrinn nicht
Der Erde, die doch menschlich dich schuf.
Überstürz dich auch nicht und besinn dich
Auf unser Vertraun und auf deinen Beruf.

Einem ängstlich Einsteigenden

Flieg zu, Insasse!
Und lasse
Lasse dich
Nur äußerlich
Von andern lenken.

Du mußt denken:
Deine Linie geht
Nach deinem Willen
Und im stillen
Wie ein arglos Gebet.

Selbstverständlich interessiere dich
Sehr für Wetter, Höhenmesser,
Richtung, Zeit etcetera. Jedoch:
Weite Gedanken tragen dich
Noch höher und noch besser
Als es deine Maschine tut.

Fliege gut!

Begrüssung eines soeben Gelandeten

Ich wünsche dir Glück zum festen
Boden. – War das dein erster Flug? –
Ich glaube, du fährst am besten
Das nächstemal mit dem Eisenbahnzug.

Ganz bleich siehst du aus. Und doch
Bist du so lebhaft und aussprudelnd froh.
Warst du unterwegs ebenso?
Du zitterst ja noch.

Ja, die Luft hat keine Balken.
Aber nun genieße du das Nun.
Über Flügel denken Falken
Anders wie ein Huhn.

Sind dir vier Wolkenstunden
Zu langsam verronnen,
Hast du die Erde nun wieder gefunden,
Sie neu liebgewonnen.

Wer oben unzufrieden,
Ängstlich oder auch krank war,
Sei dann hienieden
Wenigstens dankbar.

Drei Tage Tirol

Ich bin nach Tirol gereist
Und hab das Zuhause vergessen.
Ich habe viel Freiheit gefressen
Und viel Gesellschaft gespeist.
Landschaften hab ich gesoffen
Und Illusionen geraucht.

Die Menschen, die ich getroffen,
Standen meist so zu den Sternen,
Daß man, um sie kennenzulernen,
Nicht erst zu verreisen braucht.

Das nennt man Drahtseilbahn: Es hing
Ein Zündholzschächtelchen an Zwirn.

Und ein Gewitter kam. – Das ging
Mir superior durch Herz und Hirn.

Wie tut ein wildes Wandern wohl,
Wenn man sein Einsamgehn durchleuchtet!

An allen Stellen angefeuchtet
Kam ich nach Hause aus Tirol.

Das Parlament

Im Parlament geht's zu.
Was die für Schnäbel haben, –
Da sind wir Waisenknaben
Dagegen, ich und du.

Mein Onkel Rolf aus Rügen,
Der ist einmal hineingewählt.
Wenn er recht voll ist und erzählt,
Dann merkt man, wie die lügen.

Ich habe selber zugeschaut,
Wie der das Volk vertrat.
Das geht auf keine Kuhhaut.
Man meint, die spielen Skat.

Nur manchmal, wenn der Präsident
Laut läutet, gibt es Ruhe.
Doch alles, was im Parlament
Geschieht, ist nur Getue.

Sie wollen sich in Wirklichkeit
Nur großtun und vertagen
Und freun sich auf die Ferienzeit.
Wo wir die Steuern tragen.

Mir geht das ganz daneben.
Ich bin selbst im Gesangverein.
Die wolln halt auch beisammen sein.
Und jeder Mensch will leben.

Rachegelüst

Wenn die Menschen dumpf sich nicht getraun,
Wenn sie feig und heuchlerisch sich fügen
Und ihr Glück auf ihre Schlauheit baun,
Redliches bedrücken und betrügen.

Wenn sie schleichen, flüstern und sich ducken,
Andrerseits aus Würde sich genieren, – –
O dann müßte etwas explodieren.
Und ein Riese müßte sich erheben
Über sie und sie nicht etwa töten,
Sondern saftig, kräftig sie bespucken,
Um sie für ihr weitres Leben
Als verschleimte, fette Warzenkröten
In ein Glashaus einzusperrn.
Und ich würde durch die Scheibe gucken
Und sie grüßen: »Hochverehrte Herrn!«

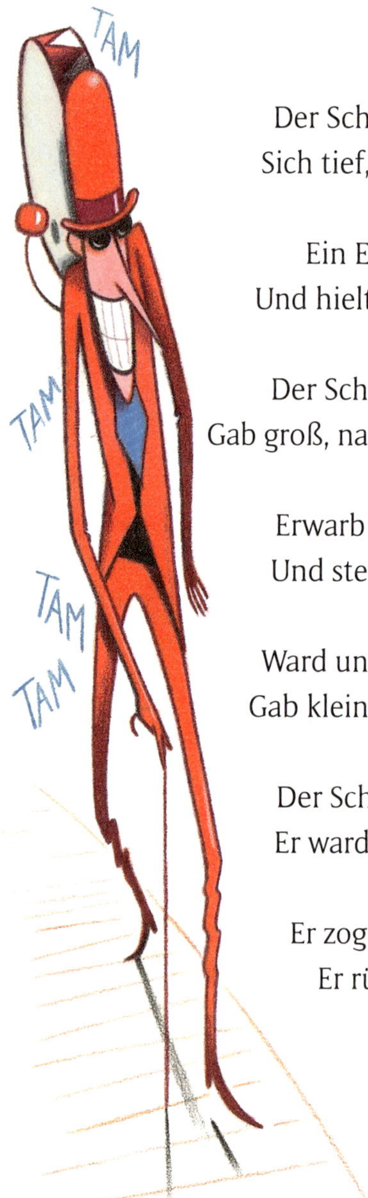

Wege

Der Schwindel barmte laut und bog
Sich tief, dann dicht, und log und log.

Ein Ehrlicher schlich hinterher
Und hielt sich still und tat sich schwer.

Der Schwindel klebte sich wie Leim,
Gab groß, nahm klein und sprach von »Heim«,

Erwarb sich Kenntnis und Vertraun
Und steckte sich dann hinter Fraun,

Ward unterstützt, ward fest und steif,
Gab klein, nahm groß und fühlte »reif«.

Der Schwindel trotzte unverblümt.
Er ward bekannt: Er ward berühmt.

Er zog nach unten hin Vergleich.
Er rückte ab. Er wurde reich.

Der Schwindel fühlte sich und schoß.
Wenn einer widersprach, dem goß

Geblufft, bezahlt, Majorität
Ins Auge Popularität.

Der Schwindel war geschützt, gemacht,
Nur ruhelos bei Tag wie Nacht.

Denn er gedachte ohne Ruh
Des Ehrlichen; doch gab's nicht zu,

Vernahm und brachte dessen Schritt
Mit Hohn, dann Wut in Mißkredit.

Der Schwindel, längst gemacht, war satt,
Stand überall in jedem Blatt.

Der Ehrliche kam fromm und schwer,
Ganz müde, spät, des Wegs daher,

Ging still vorbei und fromm und schwer.
Und er erreichte sehr viel mehr.

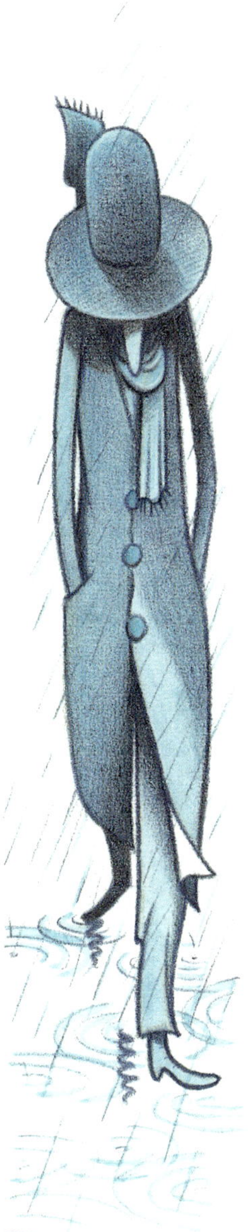

Der Mut der reifen Jugend

Mut zeigt sich immer erst vor Übermacht.
Mut muß mit Kenntnis der Gefahr gepaart sein.
Mut will wie Edelstes diskret verwahrt sein,
Und wer ihn faßt, der fasse mit Bedacht.

Hab' Mut! jedoch nicht, um ihn zu beweisen.
Schick deinen Mut niemals auf Reisen.
Man kann mit Kühnheit, doch mit Mut nie scherzen,
Denn der, der Mut zeigt, hat auch Furcht im Herzen.

Soll reife Jugend weise, überlegen,
Maßvoll, gelehrt und unpolitisch sein??
Darf sie verdreht und zukunftsblind verwegen
Vergnügen saufen?? – Ja! und so auch: Nein!

Ich weiß darüber keine Regel,
Weiß nur, wie stets das Schicksal das entschied.
Doch zwischen freiem Bursch und blödem Flegel
Sieht nur ein Schwachkopf keinen Unterschied.

Verflucht und zugenäht

Man sollte den Gesetzen
In Kleinigkeiten
Ein Bein stellen und sie verletzen
Und sie, von Gönnern geldunterstützt,
Überschreiten.
Man sollte den Richter,
Der Künstler, Dichter
Oder nur Mensch ist, unbändig verehren.
Man sollte das andre, konträre Gelichter
Zermalmen und sich selber vermehren.
Man sollte so sein, wie ich es bin.
Man sollte – –
Wenn nicht der liebe Gott es hin
Und wieder ganz anders wollte.

Der Komiker

Ein Komiker von erstem Rang
Ging eine Straße links entlang.
Die Leute sagten rings umher
Hindeutend: »Das ist der und der!«
Der Komiker fuhr aus der Haut
Nach Haus und würgte seine Braut.
Nicht etwa, wie von ungefähr,
Nein ernst, als ob das komisch wär.

Geld allein

Wie gut, daß alle einander nicht gleichen.
Wie recht, daß manche es erreichen,
Daß sie eines Tages reich sind.
Wie gut, daß auch diese einander nicht gleich sind.

Schlechte Menschen ohne Geist, ohne Geschmack,
Wenn sie noch so reich sind, bleiben nur Pack.

Wenn die sich Künstler einladen

Sie haben dich eingeladen
Und bieten dir nichts
Als nur den Schein ihres Lichts.
Und wollen doch in dir baden.

Sie haben auch dich gehabt.
Ihr Gästebuch wird dich nennen.
Sie waren so begabt,
Dich zu kennen.

Dir wird neben Speise und Trank
Jedweder Luxus serviert.
Beim Abschied zahlst du geniert
Den armen Dienern noch ärmeren Dank.

Und dann, daheim, bist du krank.

Nach geballten Enttäuschungen

Und nehmen sie die ganze Hand,
Wenn ich den kleinen Finger gebe.
Und Leute sind's von hohem Stand
Und wissen doch nicht, wie ich lebe.

Dann andre wieder, die mich nutzen
Und ziehen dreist aus mir Gewinn.
Wenn meine Einsicht schweigt, dann putzen
Sie das noch aus nach ihrem Sinn.

Ich fühle – weiß nicht – was ich weiß
Und mich gelüstet's dreinzuschlagen
Auf dieses gierige Geschmeiß. –
Doch meine Treuesten versagen.

Es scheint mich alles zu verfluchen.
Als ich mich selbst verfluchen will,
Legt sich die See. – Ich wurde still,
Fand neu, was niemals ist zu suchen.

Kunstgewerbe

Ein blauer Hund mit gelben Ohren
Wurde in einem Atelier geboren.
Weil er naturfremd originell
Wie jene Mutter war, die ihn gebar,
Vermehrte er sich populär sehr schnell
Und brachte Geld, und viel sogar.

Ein andres Suchweib, gleichfalls von Beruf
Originell, erdachte sich und schuf
Aus Ton ein Mäus'chen, witzig, zart und schlicht,
Sehr künstlerisch; das reüssierte nicht.
Bis wahre Künstler es entdeckten
Und kauften von sechs Exemplaren vier.
Worauf die andern zwei entsetzlich heckten.
Nun seh ich überall dies Mäusetier.
Es glotzt, es kotzt mich an aus Gips,
Aus Bronze, Ton. Ein Mäuseplagenippes.

Ich bitte dich: Wenn ich dereinst mal sterbe,
Tu meine Asche nicht in Kunstgewerbe.

Enge Künstlerschaft

Sie wissen alle was, was sie nicht sagen,
Was sie nach ihrer Meinung vorwärtstrug.
Sie nützen ihren engen Weg und wagen
Nicht, wissen nichts vom freien Flug.

Als wär nicht Raum genug in Welt und Leben,
Wo alle echten Menschen Künstler sind.
Und wäre doch mit dem konträren Wind
Jedem ganz unerschöpflich viel gegeben.

Ihr Lachen schwitzt, ihr Stürmen ist ein Schleichen.
Untereinander hocken sie vertraut
Und tuscheln gegen Außenseiter laut,
Derweil sie selber giftig sich vergleichen.

Kristallisiert zum legitimen Grüppchen,
Wird ihr Charakter plötzlich fest bestimmt.
Von ihren Idealen bleibt ein Süppchen,
Darin ein Titel oder Goldnes schwimmt.

Sie pochen all auf was, was gar nicht klingt,
Obwohl es hohl ist. Dennoch nehmen
Sie and're auf, doch wieder nur bedingt,
Die Kleinen oder Großen, doch Bequemen.

Und könnte doch für sie und jedermann
Alles so anders und so herrlich sein.
Man kann – (Um Gottes willen: Nein!)
Es gibt gar kein »Man kann«.

Es gibt ein »Manko«, gibt ein »Mannequin«,
Ein »Monkey« – – aber das ist kein Dessin.
Es furzt ein Ulk. Der Teufel lupft den Steert.
Und mehr ist jene Gruppe gar nicht wert.

Kunst

Sie, die mitten im Haufen schreiten,
Sie glauben und hoffen und lassen sich leiten.
Die anderen, die vor dem Haufen gehen,
Stolz ziehen sie hin mit klingendem Spiele.
Sie können ein Stückchen vom Weg übersehen
Und sprechen immer vom nahen Ziele.
Die dritten hinken abseits vom Haufen.
Sie haben lächelnd Berge erstiegen
Und sahen in weiter Ferne schon liegen
Das Meer, in dem die andern ersaufen.

Jene kleinsten ehrlichen Artisten

Jener kleinsten, ehrlichen Artisten
Denk ich, die kein Ruhm belohnt,
Die ihr Dasein ärmlich, fleißig fristen,
Und in denen nur die Zukunft wohnt.

In Programmen stehen sie bescheiden,
Und das Publikum bleibt ihnen stumm.
Dennoch geben sie ihr Bestes und beneiden
Größre nicht. Und wissen nicht, warum.

Grober Dünkel drückt sie in die Ecken.
Ihre Grenze ist der Rampenschein.
Aber nachts vor kleinen Mädchen recken
Sie sich auf in Künstlerschwärmerein.

Die ihr bleiben sollt, wo wir begonnen,
Mögt ihr ruhmlos sein und unbegabt,
Doch euch tröstet: Uns ist viel zerronnen,
Schönes, was ihr jetzt noch in euch habt.

Ehrlichkeit ist Kunst und derart selten,
Daß es wenig Wichtigeres gibt.
Euer Schicksal wird euch reich vergelten,
Daß ihr euer Schicksal habt geliebt.

Des Besseren Seele ist zart und scheu.
Sie meidet die Orte, die leuchten und schallen,
Aber wo nächtliche Nebel wallen,
Streut sie Blumen und sammelt neu.

Sie haßt das Licht, das Alles zeigt
Und sucht im Dunkel nach Duft und Brot. – –

Das Schlechte lärmt, das Bessere schweigt,
Das Beste ist tot.

Ich werde nicht enden zu sagen:
Meine Gedichte sind schlecht.
Ich werde Gedanken tragen
Als Knecht.
Ich werde sie niemals meistern
Und doch nicht ruhn.
Soll mich der Wunsch begeistern:
Es besser zu tun.

Das scheue Wort

Es war ein scheues Wort.
Das war ausgesprochen
Und hatte sich sofort
Unter ein Sofa verkrochen.

Samstags, als Berta das Sofa klopfte,
Flog es in das linke, verstopfte
Ohr von Berta. Von da aus entkam es.
Ein Windstoß nahm es,
Trug es weit und dann hoch empor.
Wo es sich in das halbe, bange
Gedächtnis eines Piloten verlor.

Fiel dann an einem Wiesenhange
Auf eine umarmte Arbeiterin nieder,
Trocknete deren Augenlider.
Wobei ein Literat es erwischte
Und, falsch belauscht,
Eitel aufgebauscht,
Mittags dann seichten Fressern auftischte.

Und das arme, mißbrauchte,
Zitternde scheue Wort
Wanderte weiter und tauchte
Wieder auf, hier und dort.
Bis ein Dichter es sanft einträumte,
Ihm ein stilles Palais einräumte. – –

Kam aber sehr bald ein Parodist
Mit geschäftlich sicherem Blick,
Tauchte das Wort mit Speichel und Mist
In einen Aufguß gestohlner Musik.

So ward es publik.
So wurde es volkstümlich laut.
Und doch nur sein Äußeres, seine Haut,
Das Klangliche und das Reimliche.
Denn das Innerste, Heimliche
An ihm war weder lauschend noch lesend
Erreichbar, blieb öffentlich abwesend.

Freunde, die wir nie erlebten

Ihr, die nie ich sah,
Nimmer menschlich sehe,
Seid mir nun so nah,
Wenn ich einsam gehe.

Was ich weiß, nicht wußte
Über euch, hab ich's versäumt?
Ich's verfehlt? –
Oder mußte
Fern vergehn, was ich erträumt? –

Schenkte Gott die Kunst, das Wort
Ferner, Toter nachzulesen.

Ach wie heiß mich das beschlich:
Dann und dann und da und dort
Ist ein Herz wie meins gewesen,
Still für sich.

Tröstliches Gefühl: Es dächte
Später wer so über mich. –
Keine aller Erdenmächte,
Wär sie noch so übermütig,
Kann uns trennen,
Die wir Gleiche sind zu nennen.

Denn wir waren nie gesellt,
Weil der Gott uns weise, gütig
Fern vonander aufgestellt,
Wissend um die Welt.

An meine Flaschenkinder

Das Schicksal pustet ins Kollektiv.
Freunde, die wir uns nennen,
Durch enges Gemeinsam uns kennen,
Nun müssen wir uns trennen.
Wir gingen gerade. Der Weg ging oft schief.

Wir haben – jedes nach seiner Kraft –
Uns herzlich zusammengenommen –
Haben ein gutes Erinnern geschafft. –
Anständige Sorge ist heilsamer Saft
Und wird uns gut bekommen.

Lebt wohl! Viel Glück eurer Künstlerschaft!

Ihr, die ihr euch um mich schartet,
Wenn's einmal keinen Urpepper mehr gibt,
Er liebte euch. Und ihr bewahrtet
Euer Bestes an ihm. Gott mit euch!

Es ist besser so

Es ist besser so.
Reich mir die Hand. Wir wollen froh
Und lachend von einander gehn.
Wir würden uns vielleicht nach Jahren
Nicht mehr so gut wie heut verstehn.
So laß uns bis auf Wiedersehn
Ein reines, treues Bild bewahren.
Du wirst in meiner Seele lesen
Wie mich ergreift dies harte Wort.
Doch unsre Freundschaft dauert fort.
Und ist kein leerer Traum gewesen,
Aus dem wir einst getäuscht erwachen.
Nun weine nicht; wir wollen froh
Noch einmal mit einander lachen. – – –
Es ist besser so.

Was du als richtig empfunden,
Das sage und zeige,
Oder schweige.
Wahr ist der Würdige oder stumm.
Immer bleibt, wem der Schein genügt,
Wessen Zunge das Herz belügt,
Feig und falsch oder dumm.

Streit

Mächtig ist die Ehrlichkeit.
Glückt es listigen Gewalten,
Sie im Gradweg aufzuhalten,
Immer nur für kurze Zeit.

Doch die kurze Zeit kann lang sein,
Länger als ein Flügelheben,
Länger als ein wartend Leben,
Und das Ehrliche kann bang sein.

Die um Falsch und Ehrlich deuten,
Ältere mit jüngren Leuten,
Irreleitend, irrgeleitet,
Wie's um Falsch und Ehrlich streitet – –,
All die Zeit, die sie vergeuden,
Könnte die mit Lustspielfreuden
Besser ausgenossen sein?
Ich sag: Nein!

Wenn ich doch so ehrlich wäre
Wie ein neugebornes Kind,
Und mich trüge dann ein Wind –
Freiballons – ins Ungefähre.

Schlag mich einer flach und breit:
Mächtig ist die Ehrlichkeit.

Zeitversprengte Freunde

Wir Freunde auf einen Faden gereiht,
Es kam nicht so, wie wir wollten.
Denn unsere Kette riß mit der Zeit,
Und wir rollten.

Von allen Winden zerstreut und gehetzt,
Verschlissen und verwittert,
Meinten wir schon: wir würden zuletzt
Sterben total verbittert.

Doch unser Trauern lernte Geduld
Und lächelt nun ruhig ins Neue.
Wir glauben an unsere eigene Schuld
Und an die Vergeltung für Treue.

Rettende Insel

Wenn Parteien sich und Massen
Sichtbar und geräuschvoll hassen
Klingt das mir wie Meeresrauschen.
Und dann mag ich henkelltrocken
Still auf einer Insel hocken,
Die mich zusehn läßt und lauschen.

Nicht, daß ich dann etwa schürfe
Oder was dazwischen würfe
Oder schlichten wollte, nein,
Nein, ich weiß, das muß so sein.
Und ich dehne mich und schlürfe
Eingefangnen Sonnenschein.

Wechselnd laut und wieder leise
Rauscht das Meer in weitem Kreise
Mir vertraute Melodie.
Wo blind oder falsch gestempelt
Mißklang sich an Mißklang rempelt,
Windelt neue Harmonie.

Und dann schwimmt – fast ist es schade –
Noch ein Mensch an mein Gestade,
Sucht an meiner Pulle Halt.
Aus ist die Robinsonade,
Denn nach Insulanersitte
Sag ich unwillkürlich: »bitte!«
Und ein zweiter Pfropfen knallt.

Und wir trinken. Es gesellen
Andre sich dazu. Die Wellen
Glätten sich. Der Haß zerstiebt.
Bis zuletzt in süßer Ruhe
Niemand noch was in die Schuhe
Andrer schiebt,
Und sich alles gegenseitig
Eingehenkellt ganz unstreitig
Duldet, gern hat oder liebt.

Freund und Freund versäumen sich

Wollen wir uns vergessen?
Weil man an Fremden Geld gewinnt.
Indessen
Die kränkelnde Zeit verrinnt.

Müde und hohler
Wird Gleichtagsglück.
Denk ich an unsere Hochflut zurück,
Dann wird mir wohler.

Noch haben wir's, uns zu beschenken,
Zu eifern, wie jedes das andre erfreut.
Wollen wir uns so lange bedenken,
Bis Lebendes hinter Verstorbnem bereut?

Ist doch noch nichts zerstört. –

Denke dir: Gestern sang
Ein Nachtkehlchen immerzu.
Hab jahrelang keins gehört. –
Wie lange singt es? – Wie lang
Ist das Leben? Und wo bist du?

Ich reise durch meine eigene Brust

Schöne Musik

Über die Saiten gleitet der Fidelbogen,
Weckt die trüben Gedanken aus gütigem Schlummer.
Rauschende Feste sind mir vorübergezogen
Und aus rauschenden Festen wuchs mir der Kummer.

Sing nur dein klagendes Lied, du Fidelbogen,
Sing und erzähle mir wieder die alte Geschichte,
Brauset ihr Töne in wilden, grausigen Wogen. –
Trunkene Falter schwärmen am sengenden Lichte.

Nächte, in denen wir viel verloren

Nächte gab es, die höhnend entwichen,
Die wir im trunkenen Taumel verkannt,
Die wir mit hohlen Namen benannt,
Nächte, die schweren Träumen glichen.

Da wir an sprühenden Feuern gefroren,
Da wir mit ernstem Herzen gelacht,
Haben Tränen für uns gewacht,
Nächte, in denen wir viel verloren.

Gartenbäume und Wegblumen

Quäle dich nicht, wer ich bin,
Denn du siehst mich nimmer wieder,
Frage nicht woher? Wohin?
Sing mir eines deiner Lieder.

Glaube, daß ich gerne bliebe,
Wie es stumm dein Auge spricht.
Nimm mein Gold für Deine Liebe,
Nur von morgen sprich mir nicht.

Laß uns Wang an Wange glühen
Und dann auseinandergehn,
Bäume, die im Garten blühen,
Blumen, die am Wege stehn.

Das dunkle Bild

Ein Bild geschwärzt durch Rauch und Zeit.
Die meisten wohl verstanden es nicht:
Ein Tannenwald vereist und verschneit.
Aus fernem Dunkel schimmert ein Licht.

Mir kommt ein heiß Verlangen
Dem Lichtschein nachzugehen
Um dann mit erglühenden Wangen
Still durchs Fenster zu sehen.

Ein Freundeskreis zu später Stund
Umglüht von dämmerndem Ampelschein
Und blonde Frauen in diesem Bund.
Lachende Jugend bei goldenem Wein.

Und bärtige Männer geigen
Lieder aus fremden Ländern.
Süß lockt aus buntem Reigen
Das Rauschen von Gewändern.

Taufrische Blüten duften mild
Und sprühen in Farben wie Geschmeid
Und Augen erzählen trunken wild
Von Liebe, Treue und tiefem Leid.

In Farb und Klang verweben
Sich Bilder, zerfließen, zerschäumen,
Bilder aus meinem Leben,
Bilder aus meinen Träumen.

Rückblick

Ich sehe hinter dem Grau heute Blau
Und ich bin milder geworden.
Ich bin nicht mehr der junge Radau
Und wehe nicht mehr aus Norden.

Es kommen die Jüngsten auch mal dahin,
Wenn sie streng Zauderndes wagen
Und fragen nach jedem »Wie ist ...?« dann: »Wie bin ...?«
Und werden still Danke sagen.

Nachtwanderung

Ich geh durch das schlafende Dorf bei Nacht.
Trüb flackert die alte Laterne.
Ein Fenster nur hell, wo die Liebe noch wacht
Und über mir blinzeln die Sterne.

Noch stehen die Nelken im Blumentopf
Mit rosa Manschetten umwunden.
Ich glaube, ein schwarzbrauner, lachender Kopf
Ist eben dahinter verschwunden.

Ach nein, das Fenster ist dunkel und leer,
Wo ich so oftmals gesessen.
Das schwarzbraune Mädchen wohnt dort nicht mehr
Und hat mich wohl lang schon vergessen.

Mein Schatten ruft höhnisch: Bist alt! Bist alt!
Die Liebe gehört nur den Jungen. – – –
Ich wandere weiter. Mein Liedchen verhallt,
Wie meine Jugend verklungen.

Nachtschwärmen

Die alte Pappel schauert sich neigend,
Als habe das Leben sie müde gemacht.
Ich und mein Lieb – hier ruhen wir schweigend –
Und vor uns wallt die drückende Nacht.

Bis sich zwei schöne Gedanken begegnen, –
Dann löst sich der bleierne Wolkenhang.
Goldene, sprühende Funken regnen
Und füllen die Welt mit lustigem Klang.

Ein trüber Nebel ist uns zerronnen.
Ich lege meine in deine Hand.
Mir ist, als hätt ich dich neu gewonnen. – –
Und vor uns schimmert ein goldenes Land.

Aus

Nun geh ich stumm an dem vorbei,
Wo wir einst glücklich waren,
Und träume vor mich hin: es sei
Alles wie vor zwei Jahren.

Und du bist schön, und du bist gut,
Und hast so hohe Beine.
Mir wird so loreley zumut,
Und ich bin doch nicht Heine.

Ich klappe meine Träume zu
Und suche mir eine Freude.
Auf daß ich nicht so falsch wie du
Mein Stückchen Herz vergeude.

Todgeweiht

»Lache!« ruft sie, »Unser ist das Leben!«
Und mir ist, als ob mein Blut erstarrt.
Durch den Sonnenschein der Gegenwart
Hör ich dumpfe Totenglocken beben.

Wenn sie nächtlich unterm Kranz der Sterne
Unbelauscht in ihrem Ernst sich glaubt,
Folg ich ihrem Blick, der, weltenferne
Ihr den Frieden weist und mir ihn raubt.

Dieser seltsam tiefe Glanz im Grunde
Kündet es: Sie darf nicht lang verweilen.
Zitternd seh ich Stund um Stunde
Grauenvoll vorübereilen.

Auf dem Kirchhof

Dort ruhen sie unter den bunten Hügeln.
Unsere Augen sehen sie nimmer erwachen.
Auf der Mauer hockt mit gebrochenen Flügeln
Das Lachen.

Fern in den Wolken verhallt die Klage.
Bittere Tränen trocknet der Wind,
Und aus Kränzen stiehlt sich die zitternde Frage:
Wohin sie gegangen sind.

Ich habe an deiner Brüste Altar
Die Nacht bei dir durchsonnen.
Ich träumte unendliche Wonnen
Im Zauberdufte aus deinem Haar.

Den Blütenstaub der Jugend am Leib
Lagst du mit fiebernder Stirne
Als Fremde bei mir – – eine Dirne,
Und warst ein halberblühtes Weib.

Und Tränen sah ich, so heimatfremd,
So sündenschön verrinnen.
Sie netzten ein schneeiges Linnen.
Das glich einem Totenhemd.

Der Sängerin

Ich werde die Stunde nie vergessen,
Die wie ein Sternfall meiner Nacht erschien.
Ein lauschender Toter, hab ich vor dir gesessen
Um deiner Lieder schwelgende Melodien.

Sie haben bunte Kränze mir gewunden,
Wie ich sie flocht in frohen Kindertagen
Und wie ich sie nach still verhärmten Stunden
Zum Grabeshügel meiner Braut getragen.

Ich danke dir. Dein Lied wird weiterschwingen,
Wird mich durch fremde Wunderländer führen
Und meiner Seele reinste Saiten rühren.
Und seine Klänge werden nie verklingen.

Auf ein Grab

Ein Wind, gütig fächelnd,
Läßt Blätter und Tränen verwehn.
Empfange einst lächelnd
Die weinend dir nachgesehn.

Gewesen, nicht vergessen;
Erinnert, doch verziehn.

Was uns Besitztum schien,
Hat keins von uns besessen,
War höchstens nur geliehn.

Dorthin geh, wo die Andern nicht sind,
Weit hinaus in die freie Einsamkeit,
Wo dir Wolken, Berge, Bäume und Wind
Großes reden von Später und Ewigkeit.

Und dort schöpfe, fasse und füll dir die Brust,
Daß – kommt einst die Stille zu dir als Braut –
Daß du die Hand ihr gibst in tiefster Lust,
Weil du schon lange mit ihr vertraut.

Bin wie ein Dieb durchs Fenster gestiegen.
Sah das Mädchen in seiner Jugendpracht
Nackt auf dem seidenen Bettchen liegen,
Wie ein Wunder aus einer Zaubernacht.

Und sie schlief von kindlichen Träumen belogen,
Die ein Lächeln auf ihre Lippen hauchten,
Während die Sonnenstrahlen in flimmernden Wogen
Spielend ihr Kraushaar in goldene Lava tauchten.

Mir aber pochte das Herz und als ich verwegen
Über die schneeigen Glieder mich leise gebückt,
Hat eine Rose verwelkt am Boden gelegen,
Eine Knospe, die sie im Garten gepflückt.

Sah die welke Knospe am Boden liegen,
Sah im Bettchen das süße, schlummernde Wesen. –
Leise bin ich durchs Fenster zurückgestiegen.
Und mir war, als hätt ich ein Märchen gelesen.

Bist du nie durch verschneite Nächte gegangen,
Durch Wald, über Land,
Allein mit dem Stock in deiner Hand?
Du bist es und bist es mit heiligem Bangen.
Wo zitternde Äste, eisig behangen,
Dir eine Kirchenstunde gaben,
Ist dein Lachen gestorben.
Da hast du dein Bestes, unverdorben,
Aus deinen tiefsten Tiefen gegraben. – – –
Auf den weiten Feldern lag schwerer Schnee.
Du schienst dir, verschollen auf hoher See,
Den menschlichen Küsten fern zu sein.
Stille lag über dem Schnee. – –
Du warst allein, allein – ganz allein.
Flimmernde Flämmchen sahst du fliegen.
Hast du nicht viel gedacht?
Ist nicht dein Blick emporgestiegen
In die wunderdurchfunkelte Nacht,
Bis ihn unendliche Weite verwirrt?
Und ein Schatten lief still mit dir um die Wette.
Und der Schatten hat mit der endlosen Kette
Ewiger Fragen geklirrt.
Du hast dich bezwungen.
Du hast vielleicht deinen Stock geschwungen,
Du hast vielleicht ein Liedchen gesungen,
Aber das Liedchen klang nicht wie Hohn
Und du darfst es bekennen:
Du bist voll Angst vor dem grausen Schatten geflohn,
Den wir Wahnsinn nennen.

Wandle träumend jeder für sich

Meisters Violinenklänge
Führten mich aus der stieren Menge
Hoch in himmlische Fernen empor.
Wo sich im rosigen Wolkengehänge
Jeder menschliche Odem verlor,
Grüßten mich Engel im lachenden Chor.
Und auf weißem Schwanengefieder,
Weich gebettet, fand ich mich wieder,
Dort, wo die Träumenden glücklich sind.
Köstlichen Weihrauch, Lorbeer und Flieder,
Labend, lobend, liebend und lind,
Brachte in duftigen Wogen der Wind.
Und mein Mädchen, als ich erwachte,
Frug mich verwundert, woran ich dachte,
Daß mir so ganz ihre Nähe entwich.
Doch ich küßte ihr Mündchen und lachte
Und ich log: »Ich dachte an Dich.«

Wandle träumend jeder für sich.

Klänge aus zwei Welten

Weiche Finger auf den Tasten
Spielten traumverloren.
Brausend wogten aus dem Kasten
Walzerstimmen, lustgeboren.

Und am Straßeneck, wo leise
Wort und Ton im Wind verklingt,
Sang ein Gassenbub die Weise,
Wie das Volk sie singt.
Abseits hielt ich still und lauschte
Beiden Melodien,
Daß mir's, als das Spiel verrauschte,
Wie ein Traum erschien.
Und sie haben nichts gespürt
Von dem fremden Wandersmann,
Dem ihr Lied das Herz gerührt,
Bis ihm Trän um Träne rann.

Draußen und drinnen

In der Villa am Berg, die ob ihrer Pracht
Im Dorf als »das reiche Schloß« bekannt,
Da hat man die Nacht durchjubelt, durchlacht
Und an geistreichen Reden, an Speise und Trank
Das kostbarste, edelste dargebracht;
Da haben hundert Kerzen gebrannt;
Da haben die Gläser geklungen;
Da hat am Flügel ein blondes Kind
Ein tiefergreifendes Lied gesungen. – –
Und während denen, die dort vereint,
Die Stunden traumhaft verronnen sind,
Hat – draußen am schneeverwehten Tor –
Ein armer Wanderbursch gelauscht
Und – – bitter geweint.

Stille Winterstrasse

Es heben sich vernebelt braun
Die Berge aus dem klaren Weiß,
Und aus dem Weiß ragt braun ein Zaun,
Steht eine Stange wie ein Steiß.

Ein Rabe fliegt, so schwarz und scharf,
Wie ihn kein Maler malen darf,
Wenn er's nicht etwa kann.
Ich stapfe einsam durch den Schnee.
Vielleicht steht links im Busch ein Reh
Und denkt: Dort geht ein Mann.

Abend am Strand

Abendglühgold zittert auf träumender See.
Eine Möwe zieht ihre einsamen Kreise.
Auf dem Wasser treibend, ein Boot. Und leise, leise
Bringt mir der Wind eine müde Weise. – –

Närrisches Herz, was stimmt dich so weh?

Lebhafte Winterstrasse

Es gehen Menschen vor mir hin
Und gehen mir vorbei, und keiner
Davon ist so, wie ich es bin.
Es blickt ein jedes so nach seiner
Gegebenen Art in seine Welt.

Wer hat die Menschen so entstellt??

Ich sehe sie getrieben treiben.
Warum sie wohl nie stehenbleiben,
Zu sehen, was nach ihnen sieht?
Warum der Mensch vorm Menschen flieht?

Und eine weiße Weite Schnee
Verdreckt sich unter ihren Füßen.
So viele Menschen. Mir ist weh:
Keinen von ihnen darf ich grüßen.

Da wir beisammen recht lustig gewesen,
War es mir oft, als wär ich allein.
Haben nur wenige meine Pein
Aus den lachenden Augen gelesen.

Hab wie ein Fremder bei Freunden gesessen. –
Ach, sie können nicht glücklich sein,
Die in der Freude jubelnden Reih'n
Nimmer das Einst und das Später vergessen.

Sieh, ich war so oft allein
Und ich lernte gleich den Zweigen,
Gleich dem Stein,
Träume wachen, Worte schweigen.

Denke, daß ich Dichter bin.
Eure Sonne ist nicht meine.
Nimm als Freund mich hin,
Wenn ich dir auch fremd erscheine.

Laß mich lauschen aus der Ferne,
Wenn ihr tanzend schwebt,
Daß auch ich das Schwere lerne:
Wie man narrenglücklich lebt.

Alter Mann spricht junges Mädchen an

Guten Tag! – Wie du dich bemühst,
Keine Antwort auszusprechen.
»Guten Tag« in die Luft gegrüßt,
Ist das wohl ein Sittlichkeitsverbrechen?

Jage mich nicht fort.
Ich will dich nicht verjagen.
Nun werde ich jedes weitere Wort
Zu meinem Spazierstock sagen:

Sprich mich nicht an und sieh mich nicht,
Du Schlankes.
Ich hatte auch einmal ein so blankes,
Junges Gesicht.

Wie viele hatten,
Was du noch hast.
Schenke mir nur deinen Schatten
Für eine kurze Rast.

Der Komödiant seiner Geliebten

Ich habe eine Zeitlang für andere Leute
Durch Nächte gelacht – –
Weil ich die Not und den Hunger scheute;
Nun ist es vollbracht.

Ach, kam gen Osten das Rotlicht geflossen ...
Der Morgen war mein ...
Habe ich frei aber traurig genossen
Das müde Allein.

Ich habe so oft zu mir selber gesprochen:
Verächtlicher Tor!
Bin ich nach all den verquälten Wochen
Nicht arm als zuvor?

Und doch ist aus Flittern ein Ächtes geblieben;
Hat tief mich gerührt:
Als es ans Scheiden ging, haben sieben
Zur Bahn mich geführt.

Die meine Narrheit nicht weiter erfragten;
Sie schwenkten den Hut,
Reichten die Hand mir, und was sie sagten,
Klang herzlich und gut.

Da ist die Seele mir übergegangen
In plötzlichem Dank.
Wolle auch du mich lieb nun empfangen!
Ich bin ja so krank.

Schlimme Stimmung

Ich bin so traurig satt,
Und all mein Überlegen
Vergrübelt sich entgegen,
Dorthin, wo nichts mehr Farbe hat.

Als wenn ich klug und geldreich wär
Und gar kein Herz besäße.
Ich zürne dumpf ins Ungefähr,
Betaste hohle Späße.

Und will nicht Freunde mit mir ziehn
In dieses trockene Weinen.

Ach Sonne, die so oft mir schien,
Wollest mir bitte wieder scheinen.

Schwebende Zukunft

Habt ihr einen Kummer in der Brust
Anfang August,
Seht euch einmal bewußt
An, was wir als Kinder übersahn.

Da schickt der Löwenzahn
Seinen Samen fort in die Luft.
Der ist so leicht wie Duft
Und sinnreich rund umgeben
Von Faserstrahlen, zart wie Spinneweben.

Und er reist hoch über euer Dach,
Von Winden, schon vom Hauch gepustet.
Wenn einer von euch hustet,
Wirkt das auf ihn wie Krach,
Und er entweicht.

Luftglücklich leicht.
Wird sich sanft wo in Erde betten.
Und im Nächstjahr stehn
Dort die fetten, goldigen Rosetten,
Kuhblumen, die wir als Kind übersehn.
Zartheit und Freimut lenken
Wieder später deren Samen Fahrt.

Flöge doch unser aller Zukunftsdenken
So frei aus und so zart.

Kummervolle Rückreise

Es wird vorübergehn,
Doch meine Müdigkeit
Glaubt nicht daran. – Die Uhr schlägt Zehn
Und Elf und Zwölf; und wieder dann die gleiche Zeit.

So müde sein und noch nicht ruhn,
Nicht sterben dürfen – – Ach und nun
So ohne Trost die Liebste wiedersehn,
Die ich doch trösten will – –

Die Uhr schlägt Zwölf und Drei und Vier und Zehn. – –
Wenn ihre Feder bricht, stünde die Uhr jetzt still.

Melancholie

Von weit her Hundebellen
Klingt durch die nächtliche Ruh.
Es spülen die schwarzen Wellen
Mein Boot dem Ufer zu.

Die blauen Berge der Ferne
Winken am Himmelssaum.
Auf in den Lichtbann der Sterne
Trägt mich ein Traum.

Stumm ziehen wilde Schwäne
Über das Wasser hin.
Mir kommt eine müde Träne.
Ich weiß nicht, warum ich so bin.

Weisst du?

Wenn ein Neunauge mit einem Tausendfuß
Kinder zeugt, wie mögen die gehen?
Wie mögen die sehen?
Ich weiß es nicht. Weißt du's?

Weißt du wohl, daß eines Flugzeugs Schatten,
Wenn er über Häuser, Bäume, Matten,
Menschen, Tiere, Wasser geht,
Nichts und niemand widersteht?

Jeder weiß, warum in schönen Zweigen
Schöne Spinne schöne Netze webt.
Aber weißt du, was das Schweigen
Eines andern Menschen
Sinnt und nacherlebt und vorerlebt?

Was dann?

Wo wird es bleiben,
Was mit dem letzten Hauch entweicht?
Wie Winde werden wir treiben –
Vielleicht!?

Werden wir reinigend wehen?
Und kennen jedes Menschen Gesicht.
Und jeder darf durch uns gehen,
Erkennt aber uns nicht.

Wir werden drohen und mahnen
Als Sturm,
Und lenken die Wetterfahnen
Auf jedem Turm.

Ach, sehen wir die dann wieder,
Die vor uns gestorben sind?
Wir, dann ungreifbarer Wind?
Richten wir auf und nieder
Die andern, die nach uns leben?

Wie weit wohl Gottes Gnade reicht.
Uns alles zu vergeben?
Vielleicht? – Vielleicht!

Wo ist der Mensch, den ...

Wo ist der Mensch, den ich gerade brauche?
Mir ist illegitim traurig zu Mut.
Als läge meine Traurigkeit im Bauche.

Ach, welche Menschen sind denn eigentlich gut?
Ich kann es mir im Grunde nicht verhehlen,
Daß ich jetzt böse grüble über die,
Die augenblicklich mir gerade fehlen.

Und kämen sie: Wie schroff empfing ich sie!
Mißtrauisch würde selbst mein Loben klagen,
Und wenn ich sänge, wie ein Vogel singt.
Auch käme ich gar nicht darauf, zu fragen,
Ob sie nicht just auch einen von den Tagen
Durchgrübeln, da uns alles schmal mißlingt.

Kammer-Kummer

Es äugt ein Wunsch aus mir nach der Uhr.
Der lauscht auf Briefträgerschritte
Und murmelt unaufhörlich nur
Die Worte »bitte, bitte«.

Sich schämend richtet sein Gebet
Die Ohren nach der Klingel.
Ein Brief soll läuten. Darauf steht:
»An Herrn Joachim Ringel – –«

Ha! Klingelt schon! Und kommt ein Brief. – –

Nicht der, den ich wollte lesen.

Einschlafende Hoffnung atmet tief,
Träumt ab, was niemals gewesen.

Warten auf Weissnichtwas

Ein Leierkasten wringt sich aus.
Es klingt nach Leben und Sterben.
Im Schutt im Winkel hinterm Haus
Liegen häßliche Scherben.

Am Fenster quält sich ein winziges Tier,
Läuft immer dieselbe Schleife.
Es klingelt. – Ein Armer bietet mir
Schnürsenkel an. Oder Seife.

Es ist nichts neu und nichts verstellt
An meinen Gegenständen.
Nichts lockt mich hinaus in die Außenwelt.
Nichts hält mich hinter vier Wänden.

Und auf einmal steht es neben dir

Und auf einmal merkst du äußerlich:
Wieviel Kummer zu dir kam,
Wieviel Freundschaft leise von dir wich,
Alles Lachen von dir nahm.

Fragst verwundert in die Tage.
Doch die Tage hallen leer.
Dann verkümmert deine Klage ...
Du fragst niemanden mehr.

Lernst es endlich, dich zu fügen,
Von den Sorgen gezähmt.
Willst dich selber nicht belügen
Und erstickst es, was dich grämt.

Sinnlos, arm erscheint das Leben dir,
Längst zu lang ausgedehnt. – –
Und auf einmal – –: Steht es neben dir,
An dich angelehnt – –
Was?
Das, was du so lang ersehnt.

Neujahrsnachtfahrt

Wenn du nachts in ein Auto steigst
Und dir ist bang und winterlich zu Mut,
Und du dem Chauffeur die Richtung zeigst,
Und sagst: »Sie fahren gut.«

Wenn du so den Kopf des Wagenlenkers lenkst,
Daß er's gar nicht gewahrt,
Wie du traurig bist und an Sterben denkst, –
Das ist nächtliche Fahrt.

Draußen leuchtet Volk und lacht und schießt. –
Mitlächelnd denkst du fremdwärts still
An etwas, was du vom Flugzeug aus siehst,
An ein Flüßchen, das unter dir weit fließt
Sohin, dorthin, wo es muß; nicht will.

Aufgebung

Ich lasse das Schicksal los.
Es wiegt tausend Milliarden Pfund;
Die zwinge ich doch nicht, ich armer Hund.

Wie's rutscht, wie's fällt,
Wie's trifft – so warte ich hier. –
Wer weiß denn vorher, wie ein zerknittertes Zeitungspapier
Weggeworfen im Wind sich verhält?

Wenn ich noch dem oder jener (zum Beispiel dir)
Eine Freude bereite,
Was will es dann heißen: »Er starb im Dreck«? –
Ich werfe das Schicksal nicht weg.
Es prellt mich beiseite.

Ich poche darauf: Ich war manchmal gut.
Weil ich sekundenlang redlich gewesen bin. –
Ich öffne die Hände. Nun saust das Schicksal dahin.
Ach, mir ist ungeheuer bange zumut.

Zwischen meinen Wänden

Ich danke dir: Ich bin ein Kind geblieben,
Ward äußerlich auch meine Schwarte rauh.

Zu viele Sachen weiß ich zu genau
Und lernte mehr und mehr die Wände lieben.

Doch zwischen Wänden, wenn die Phantasie
Ein kleines Glück so glücklich zu erfassen
Imstande ist, daß wir uns sagen: Nie
Uns selber lieben! Nie das andre hassen!
Nur einsam sein! – –
Spricht oft mein Innerstes zu solcher Weisheit: Nein!
Denn all mein Sinnen lauscht, ob fremde Hände
Jetzt etwa klopfen werden an mein einsam Wände,
Und wenn's geschähe, rief es laut: Herein!!!

Steine am Meeresstrand

Steine schaumumtollt,
Zornig ausgerollt
Über Steine. –
Freiheit, die ich meine,
Gibt es keine.

Stille nun. Entbrandet
Ruht ihr, feucht umsandet,
Unzählbar gesellt,
Von der Zeit geschliffen
Oder kampfentstellt. –
Alle von der Welt
Lange rauh begriffen,
Schweigt ihr. – Ihr begreift die Welt.

Wie ich euch sortiere,
Spielerisch verführt:
Früchte, Götzen, Tiere,
Wie es Phantasie so legt,
Habt ihr in mir aufgerührt,
Was seit Kindheit mich bewegt.

Spitze, trübe, glatte, reine,
Platte, freche, winzig kleine,
Ausgehöhlte, fette Steine,
Plumpe, schiefe, trotzig große –

Ja ihr predigt ernst wie froh,
Meistens simpel, oft apart,
Weit umgrenzte, willenlose
Freiheit. – Predigt ebenso
Fromm wie hart.

Bleibt uns und treibt uns

Was Sehnsucht durch ein Loch im Bretterzaun
In deiner Jugend sah,
Nun steht es vor dir, hoch und herb und braun
Und schön bewegt und dir ganz nah.

Doch da du zartest danach greifen willst,
Ist eine starre Wand aus Glas dazwischen –
Ein Durst entschwindet, den du nimmer stillst,
Hell wie Millionenglanz von Silberfischen.

Flucht

Du segelst allein. Es soll niemand dabei sein.
Doch tausende Fischlein begleiten dein Boot ein Stück
Des Weges. Aber du willst ganz frei sein,
Schaust weder nach rechts noch nach links noch zurück.

Nur fort! Nur weiter! Du willst das Vergangene
Vergessen. Fort! Du glaubst an den rechten
Gradaus fliehenden Weg ins Glück.

Hinter dir, hinter Glas und Draht und Eisengeflechten
Blicken dir lange nach: Gefangene.

Du glaubst deiner Richtung. – Mit Hilfe des Windes,
Der Strömung segelst du weiter und reist
Und reist und reist. Und die Sehnsucht des Kindes
Erkennt sich allmählich, altert, vergreist.

Nun und? – Aber die Wellen umspielen
Dein Boot. Es folgen dir Himmel und Licht.
Fremde Ziele passierst du. Von deinen Zielen
Das schönste, das einzige – kommt nicht in Sicht.

Hering in der Nordsee? Papagei
In Aschaffenburg? – – Wer ist ganz frei?

Bär aus dem Käfig entkommen

Was ist nun jetzt?
Wo sind auf einmal die Stangen,
An denen die wünschende Nase sich wetzt?
Was soll er nun anfangen?

Er schnuppert neugierig und scheu.
Wie ist das alles vor ihm so weit
Und so wunderschön neu!
Aber wie schrecklich die Menschheit schreit!

Und er nähert sich geduckt
Einem fremden Gegenstande. –
Plötzlich wälzt er sich im Sande,
Weil ihn etwas juckt.

Kippt ein Tisch. Genau wie Baum.
Aber eine Peitsche knallt.
Und der Bär flieht seitwärts, macht dann halt.
Und der Raum um ihn ist schlimmer Traum.

Läßt der Bär sich locken. Doch er brüllt.
Läßt sich treiben, läßt sich fangen.
Angsterfüllt und haßerfüllt
Wünscht er sich nach seines Käfigs Stangen.

Die Möwe

So jeden Tag, vom frühsten Sonnenfließen
Bis in die letzte Wandlung langer Nacht,
Bei jedes Himmels neu gestimmter Pracht
Im hellsten Raum der Freiheit zu genießen,
Das eitle Land und seine Menschen fliehn,
Das Leben heimlich unter Sternen schließen –
So hat auch meine Sehnsucht es gedacht.
Der fernen Abendröte nachzuziehn
Wie dieses Volk geflügelter Nomaden,
Auf hoher See im Sonnenblenden baden,
Sich über weißen Wogenkämmen wiegen,
Einsam in Gottes blauer Nähe fliegen …
Und du, mein wehes Herz, von Schuld beladen,
Sollst gnadenmild bestraft sein und befreit.
Wie sich die nimmermüden Vögel weit
Hinauf in drohend schwere Wolken wagen
Und fremd herniederblicken auf die Zeit
Und jeden Bissen Nahrung sich erjagen,
Durch kalte Nächte irren, ohne Ruh,
So scheu und erdverwiesen sollst auch du
Durch wilde Wetter treiben, sturmverschlagen,
Dem bunten, warmen Lande ganz entsagen,
Und wirst es auch so stolz und hoch ertragen. –

Horch! Möwenschrei aus sturmgepreßten Kehlen ...
Kann's wahr sein, daß ihr ruhelosen Seelen,
Ewig verdammte, arme Seelen seid,
Die schwere Sünden still und edel büßen?

Ich setzte ab und hob die Büchse wieder.
Es senkte sich erlöst zu meinen Füßen,
Und rote Perlen hingen am Gefieder
Und rieselten wie Tränen sanft hernieder.
Ich will das schlichte, graue Büßerkleid
Der Liebsten schenken. Denn sie kennt das Leid.

Grosser Vogel

Die Nachtigall ward eingefangen,
Sang nimmer zwischen Käfigstangen.
Man drohte, kitzelte und lockte.
Gall sang nicht. Bis man die Verstockte
In tiefsten Keller ohne Licht
Einsperrte. – Unbelauscht, allein
Dort, ohne Angst vor Widerhall,
Sang sie
Nicht – –,
Starb ganz klein
Als Nachtigall.

Aquarium in Berlin

Aus tiefster Nacht alles Grauen
Im Funkel kindlicher Fernseligkeit.
Deine eigenen Augen schauen
Dich an durch tausendjährige Zeit.

Zwischen atmendem Stein und Mimose
Wandert und wundert, ohne Schrei,
Ohne Klage, das nicht seelenlose
Nur seelenblinde Vorbei.

Auch dein Herz ist stehengeblieben
Und lauscht – du merkst es nicht –
Auf etwas, was nie geschrieben
Ist und was keiner spricht.

Thar

Als ich abends den Zoo verließ,
Entdeckte ich noch ein Tier. Das hieß
Thar,
Himalaja. Es war
Wunderbar.

Seines Felles langseidenes Haar
Legte ein Wind bald sohin bald sohin.
Es hatte wonnige Farben in Braun.

Das Tier schien mir durch die Seele zu schaun
Und weiter und fernhin, doch wohin?

– Himalaja – Himalaja –
Der, die oder das Thar? –

Wie ernst ich vor dem Käfig war.

Giraffen im Zoo

Wenn sich die Giraffen recken,
Hochlaub sucht die spitze Zunge,
Das ihnen so schmeckt, wie junge
Frühkartoffeln mit Butter mir schmecken.

Hohe Hälse. Ihre Flecken
Sehen aus wie schön gerostet.
Ihre langsame und weiche
Rührend warme Schnauze kostet
Von dem Heu, das ich nun reiche.

Lauscht ihr Ohr nach allen Seiten,
Sucht nach wild vertrauten Tönen.

Da sie von uns weiter schreiten,
Träumt in ihren stillen, schönen
Augen etwas, was erschüttert,
Hoheit. So, als ob sie wüßten,
Daß nicht Menschen, sondern daß ein
Schicksal sie jetzt anders füttert.

Schläge

Es schlägt im Busch eine Nachtigall.
Es schlägt ein Knecht auf dem Sommerball
Einem andern den Schädel entzwei.
Es schlägt eine Turmuhr Drei.

Es sagt die Nacht, wenn sie vorbei
Ist: »Guten Tag!«
Es schlägt ein frischer Trommelschlag
Die Schläfrigkeit zu Brei.

Es sagt der Tag, wenn er vergeht:
»Gut Nacht!« Will nichts besagen.
Schlägt alles – auch letzte Stunde – vorbei.
Doch wer sich drauf und dran versteht,
Der hört in jeder Schlägerei
Herzen schlagen.

Umweg

Ging ein Herz durchs Hirn Güte suchen,
Fand sie nicht, doch hörte da durchs Ohr
Zwei Matrosen landbegeistert fluchen,
Und das kam ihm so recht rührend vor.

Ist das Herz dann durch die Nase krochen.
Eine Rose hat das Herz gestochen,
Hat das Herz verkannt.
In der Luft hat was wie angebrannt
Schlecht gerochen.

Und das Wasser schmeckte nach Verrat.
Leise schlich das Herz zurück,
Schlich sich durch die Hand zur Tat,
Hämmerte.
Und da dämmerte
Ihm das Glück.

Schenken

Schenke groß oder klein,
Aber immer gediegen.
Wenn die Bedachten
Die Gaben wiegen,
Sei dein Gewissen rein.

Schenke herzlich und frei.
Schenke dabei
Was in dir wohnt
An Meinung, Geschmack und Humor,
So daß die eigene Freude zuvor
Dich reichlich belohnt.

Schenke mit Geist ohne List.
Sei eingedenk,
Daß dein Geschenk
Du selber bist.

Fluidum

Von Auge zu Auge wogen
Moleküle Gefühle,
Ehe das Auge sieht,
Ehe sich das Gesicht
Zur Miene verzieht,
Ehe der Mund verlogen
Oder verlegen spricht.

Wenn sie genauer erkennend sich
Verachten oder hassen – – –

Müßten zwei Höfliche eigentlich
Wortlos einander verlassen.

Aber wenn jene zarten Fluiden
Kampfredlich oder in Frieden
Im Begegnen
Einander segnen – – –

Ist es denn irgendwie schlimm,
Wenn zwei Menschen, die sich leiden
Können, ohne Wort, ohne Nimm
Und ohne Gib
Bald wieder vonander scheiden?
»Den oder die habe ich lieb.«

Zu dir

Sie sprangen aus rasender Eisenbahn
Und haben sich gar nicht weh getan.

Sie wanderten über Geleise,
Und wenn ein Zug sie überfuhr,
Dann knirschte nichts. Sie lachten nur.
Und weiter ging die Reise.

Sie schritten durch eine steinerne Wand,
Durch Stacheldrähte und Wüstenbrand,
Durch Grenzverbote und Schranken
Und durch ein vorgehaltnes Gewehr,
Durchzogen viele Meilen Meer. –

Meine Gedanken. –

Ihr Kurs ging durch, ging nie vorbei.
Und als sie dich erreichten,
Da zitterten sie und erbleichten
Und fühlten sich doch unsagbar frei.

Versöhnung

Es ließe sich alles versöhnen,
Wenn keine Rechenkunst es will.
In einer schönen,
Ganz neuen und scheuen
Stunde spricht ein Bereuen
So mutig still.

Es kann ein ergreifend Gedicht
Werden, das kurze Leben,
Wenn ein Vergeben
Aus Frömmigkeit schlicht
Sein Innerstes spricht.

Zwei Liebende auseinandergerissen:
Gut wollen und einfach sein!
Wenn beide das wissen,
Kann ihr Dach wieder sein Dach sein
Und sein Kissen ihr Kissen.

Es lohnt sich doch

Es lohnt sich doch, ein wenig lieb zu sein
Und alles auf das Einfachste zu schrauben.
Und es ist gar nicht Großmut zu verzeihn,
Daß andere ganz anders als wir glauben.

Und stimmte es, daß Leidenschaft Natur
Bedeutete im guten und im bösen,
Ist doch ein Knoten in dem Schuhband nur
Mit Ruhe und mit Liebe aufzulösen.

Unterwegs

Wenn mir jetzt was begegnete,
Was mich tot machte ganz und gar;
So, daß der uns verregnete
Abschied gestern der letzte war,

So würde doch, was dann versäumt
Wäre, den Trost noch finden:
Das Leid, das von der Liebe träumt,
Muß auch in Liebe schwinden.

Schweigende Fahrgäste

Die Fremden, mit denen ich fahre,
Gezwungen einander gesellt –:
Aus jedem Augenpaare
Träumt eine andere Welt.

Doch wie ich mich allen verbinde
In schweigender Rätselei,
Irr ich vielleicht. Doch ich finde:
Man wird versöhnend dabei.

Nach einer Zeit

Der du unsrer so gedachtest,
Als uns alles sonst vergaß,
Soviel Glück, wie du uns brachtest,
Keine Wiese hat's an Gras.

Wenn zwei Augen im Erblinden,
Wenn zwei Herzen ganz verzagt
Plötzlich Licht und Hoffnung finden,
Dann hat Gott etwas gesagt.

Lächelt jetzt ein Regenwürmchen,
Weil die Amsel vor mir flieht?

Hohe Türme sind nur Türmchen,
Wenn ein Adlerauge sieht.

Der Abenteurer

»Abenteurer, wo willst du hin?«

Quer in die Gefahren,
Wo ich vor tausend Jahren
Im Traume gewesen bin.

Ich will mich treiben lassen
In Welten, die nur ein Fremder sieht.
Ich möchte erkämpfen, erfassen,
Erleben, was anders geschieht.

Ein Glück ist niemals erreicht.
Mich lockt ein fernstes Gefunkel,
Mich lockt ein raunendes Dunkel
Ins nebelhafte Vielleicht.

Was ich zuvor besessen,
Was ich zuvor gewußt,
Das will ich verlieren, vergessen. –
Ich reise durch meine eigene Brust.

Nur im Ruhelosen ruht das Glück

3. Traum

Zu Neujahr war's, im Simpel früh halb sieben,
Ich wäre gern bei Kathi noch geblieben,
Doch da sie mich hinauswarf ohne Schonung,
Kroch ich in meine Junggesellen-Wohnung.
Im Simpel hatte ich viel Punsch getrunken,
Ich war um zwölf schon untern Tisch gesunken
Und war am ganzen Körper wie zerschlagen.
Ich hatte ein Gedichtchen vorgetragen,
Das ich die Nacht vorher erst ausgeschwitzt,
Und nun daheim, ermüdet und erhitzt,
Wollt ich mit wohligem Empfinden
Mit einem Salto in mein Bett verschwinden.
Da hört ich Schritte auf des Vorsaals Stufen.
Es klopfte. – Eh ich noch »Herein« gerufen,
Trat in mein Zimmer mit bescheidnem Gruß
Die Kathi aus dem Simplicissimus.
»Hausdichter«, sprach sie auf meine Frage,
»Verzeih, wenn ich so spät zu stören wage,
Ganz reizend war – das wollt ich Dir nur sagen –
Was heute Du im Simpel vorgetragen,
Jedoch ich weiß, die Kunst geht durch den Magen.
Mir ist bekannt, Du lebst ein wenig ärmlich,
Und Deine Honorare sind erbärmlich.
Gestatte, daß ich mich veranlasst sehe – –
Und Dir ein wenig nun zur Seite stehe.
Du hast so manche Nacht für mich durchwacht,
Hast manch' Gedichtchen auch für mich gemacht,

Erlaube, daß ich jetzt mich revanchiere
Und eine Kleinigkeit Dir dediziere.«

Ein Schauer lief mir da vom Kopf zur Zeh,
Ich stammelte nur: »Kathi, holde Fee!«
Die Kobus aber nahm ihr Portemonnaie,
Griff tief hinein mit Würde und Bedacht – –

Ach, lieber Gott, da – – bin ich aufgewacht.

Kathi und die Freier

Ja, niemand weiß es wohl genau,
Ob die Kathi Fräulein, Mann oder Frau
Und wie sie sich zur Männerwelt
Und zum Begriffe »Liebe« stellt.

Ich aber habe das ergründet,
Und ob sie noch so schreit und tobt,
Nun sei es endlich mal verkündet:
Kathi war siebenmal verlobt!

Als ersten Mann erwählte sie
'nen Leutnant von der Infanterie.
Der kam, probierte ihren Wein,
Erschoß sich gleich und sagte »Nein!«

Und schlich, das saure Gift im Leib,
Davon und nahm ein ander Weib.

Da nahte sich ein zweiter Freier,
Das war ein derber Oberbayer,
Der wollte Kathis Schnurrbartspitzen
Zum Zähnebürsteln früh benützen.

Da schäumte Kathi und entband
Das Bündnis, das nur kurz bestand.

Der dritte Mann in kurzer Zeit
War einer von der Geistlichkeit.
Der, als er in den Simpl kam,
An vielen Bildern Anstoß nahm.
Er überklebte dann die Wand
Mit kleinen Feigenblatt-Oblaten.
Da warf ihn Kathi kurzer Hand
Mit Linkseffet aufs Straßenpflaster
Und sagte: »Gute Nacht, Herr Paster!«

Der vierte kam, das war ein lieber
Kommerzienrat, jedoch ein Schieber!

Kaum, daß er mit ihr angebandelt,
Da ward der Simpl schon durch ihn
Zur Schieberbörse umgewandelt,
Da wurde Seife, Kokain
Und Wurst und Lederwerk verhandelt.
Da sagte Kathi: »Na, mein Herzchen,
Ich schwärme nicht für solche Scherzchen,
Verdufte dich, mit die Kommerzchen.«

Villa »Kathisruh«

Im Weinhaus »Simplicissimus«
Macht Kathi Kobus Kassenschluß.
Sie seufzt voll Ärger und Verdruß:
»Was, nicht mal ein Überschuß!«
Dann klappt sie die Kassette zu
Und fährt sofort nach »Katisruh«
Allwie – falls Leser Du's nicht weißt –
Ihr Schloß in Wolfratshausen heißt,
Das wunderbar, geheimnisvoll
Und sehr gemütlich seien soll.

Nun, Leser, drück ein Auge zu,
Ich frage jetzt, genau wie Du:
Was macht sie wohl in »Katisruh«?
Ich weiß es nicht, jedoch mir schwant,
Daß sie dort große Dinge plant.
Nun lassen wir uns jetzt nicht stören,
So nach und nach wird man's schon hören.

Avant-propos

Ich kann mein Buch doch nennen, wie ich will
Und orthographisch nach Belieben schreiben!
Wer mich nicht lesen mag, der lass es bleiben.
Ich darf den Sau, das Klops, das Krokodil
Und jeden andern Gegenstand bedichten,
Darf ich doch ungestört daheim
Auch mein Bedürfnis, wie mir's passt, verrichten.
Was könnte mich zu Geist und reinem Reim,
Was zu Geschmack und zu Humor verpflichten? –
Bescheidenheit? – captatio – oho!
Und wer mich hasst, – – sie mögen mich nur hassen!
Ich darf mich gründlich an den Hintern fassen
Sowie an den avant-propos.

Das Seriöse

Wo ich abends Weißwürste fresse,
Da sitzt oft drei Tische weit
Vor mir ein Herr von Noblesse,
Sehr groß, sehr ernst und sehr breit.

Sein Haar und Bart, seine Kleidung
Sind einwandfrei und gepflegt,
Wie er unter steter Vermeidung
Sich einwandfrei sicher bewegt.

Wie ihn die Kellner bedienen,
Ist er ein Fürst oder reich.
Doch bleibt das Spiel seiner Mienen
Jederzeit würdig und gleich.

Wenn diese würdig seriöse
Erscheinung vorübergeht,
Dann ist mir, als ob mein Gekröse
In Hirn und Leib sich verdreht.

Denn, wenn er mit seinen Blicken
Mich streifte – das fühle ich klar –,
Ich würde zusammenknicken
Und nimmer sein, was ich war.

Doch ohne seitwärts zu schauen,
Schreitet er durchs Lokal.
Seine gerunzelten Brauen –
Wie alles an ihm – sind aus Stahl.

Und seine Schritte lenken
Sich dahin, wohin man nicht sieht.
Ich wage nicht auszudenken,
Was er dort etwa vollzieht.

Ach, ich bin klein, ich bin böse.
Mein Herz ist auch nicht ganz rein.
Ach dürfte ich solche seriöse
Persönlichkeit einmal sein!

Regenschauer

Der erste dicke Tropfen schlug –
Es war wie Blut – mir auf die Hand.
Da ich den Himmel und das Laub verstand,
Schien nur das Publikum mir wie Betrug.

Ein Tropfenwitz traf meinen Wein.
Das Publikum mit fetten Torten
Floh unter neckisch dünnen Worten
Vom Garten in das Haus hinein.
Ich Dummplikum blieb ganz allein.

Erst als der Kellner mir das Tischtuch kündigte,
Bemerkte ich, wo falsch, wo echt ich sündigte,
Ging auch ins Haus und übersann vergnügt:
Wozu ein Regentropfen schon genügt.

Lady und Löwe

Herr Redakteur, Sie sandten mir das Bild,
Um meine Phantasie zu rütteln.

Erst zwang es mich, den Kopf zu schütteln.
Süß ist die Lady, und der Leu ist wild.
Das Liebliche und Musikalische
Und neben ihm das schreckend Bestialische.
Dicht vis-à-vis zwei ganz verschiedene Leben.

Zunächst schien mir das Bild gestellt,
Doch warum soll in aller Welt
Sich solche Zweitbegegnung nicht begeben?
Und dann ist dieses Bild sehr gut.
Es zeigt in photographischer Vollendung
Ein Beispiel uns von Löwenmut.

Ich danke Ihnen für die Sendung.
(Und übrigens: Hier hat mich nicht gestört,
Daß man auf Bildern die Musik nicht hört.)

Zu einem Geschenk

Ich wollte dir was dedizieren,
Nein schenken; was nicht zuviel kostet.
Aber was aus Blech ist, rostet,
Und die Messinggegenstände oxydieren.
Und was kosten soll es eben doch.
Denn aus Mühe mach ich extra noch
Was hinzu, auch kleine Witze.
Wär' bei dem, was ich besitze,
Etwas Altertümliches dabei – –
Doch was nützt dir eine Lanzenspitze!
An dem Bierkrug sind die beiden
Löwenköpfe schon entzwei.
Und den Buddha mag ich selber leiden.
Und du sammelst keine Schmetterlinge,
Die mein Freund aus China mitgebracht.
Nein – das Sofa und so große Dinge
Kommen überhaupt nicht in Betracht.
Außerdem gehören sie nicht mir.
Ach, ich hab' die ganze letzte Nacht
Rumgegrübelt, was ich dir
Geben könnte. Schlief deshalb nur eine,
Allerhöchstens zwei von sieben Stunden,
Und zum Schluß hab' ich doch nur dies kleine,
Lumpige beschißne Ding gefunden.
Aber gern hab' ich für dich gewacht.

Was ich nicht vermochte, tu du's: Drücke du
Nun ein Auge zu.
Und bedenke,
Daß ich dir fünf Stunden Wache schenke.
Laß mich auch in Zukunft nicht in Ruh.

Kleines Gedichtchen

Kleines Gedichtchen,
Ziehe denn hinaus!
Mach ein lustiges Gesichtchen.
Merke dir aber mein Haus.

Geh ganz langsam und bescheiden
Zu ihr hin, klopf an die Tür,
Sag, ich möchte sie so leiden,
Doch ich könnte nichts dafür.

Antwort, nein, bedarf es keiner.
Sprich nur einfach überzeugt.
Dann verbeug dich, wie ein kleiner
Bote schüchtern sich verbeugt.

Und dann, kleines Gedichtchen du,
Sag noch sehr innig: »Geruhsame Ruh«.

... als eine Reihe von guten Tagen

Wir wollen uns wieder mal zanken,
Auf etwas hacken wie Raben,
Daß unsre zufriednen Gedanken
Eine Ablenkung haben.

Wir wollen irgendein harmloses Wort
Entstellen,
Dann uns verleumden und zum Tort
Etwas tun; das schlägt dann Wellen.

Wir wollen dritte aufzuhetzen
Versuchen,
Dann unsere Freundschaft verfluchen,
Einmal sogar ein Messer wetzen,
Dann aber uns – in Blickweite –
Auseinander zusammensetzen,
Um superior jedem weiteren Streite
Auszuweichen;
Mit dem Schwur beiseite:
Uns nimmermehr zu vergleichen.

Dann wollen wir, jeder mit Ungeduld,
Ein paar Nächte schlecht träumen,
Dann heimlich eine gewisse Schuld
Dem anderen einräumen,
Dann lächeln, dann seufzen, dann stöhnen,
Dann plötzlich uns gründlich bezechen,
Dann von dem vergänglichen, wunderschönen
Leben sprechen.

Und dann uns wieder einmal versöhnen.

An den Vater zum Geburtstag

Ich habe heut wieder lange gebrütet
Und nach Geburtstagsreimen gehetzt.
Ich habe gediftelt. Ich habe gewütet.
Und zuletzt das ganze Geschreibsel zerfetzt.
Da dacht ich, wie das so oft mir geht:
Wenn jetzt der Vater hinter dir steht
Und er sieht dich so krampfhaft dichten,
Dann sagt er: »Ach mach doch keine Geschichten!«
Und wir sprechen kein Wörtchen vom 20. Mai –,
Von den Wünschen, die ich ihm niederschrieb.
Wir küssen uns stumm und fühlen dabei –
Wir haben einander so herzlich lieb.

Landflucht

Fort vom Lande, aus dem engen
Städtchen in die Großstadt flieht der Geist,
Wo im Kampf der Mengen
Er zerreißt.
Dort, wo Puls und Uhr
Schneller ticken,
Wird er sich zusammenflicken,
Wenn er's erst versteht,
Daß die unbezwingliche Natur
Auch auf Radiowellen, Schienenspur
Und Propellerschwingen weitergeht.

Wenn ihm das gelingt,
Wenn er nicht darüber ganz verkommt,
Wenn ihm die Erkenntnis frommt,
Daß die Nachtigall genau so singt
Wie ein Spatz
Am Alexanderplatz, – – –
Ja, dann wird ihn wohl von Zeit zu Zeit
Eine Sehnsucht wieder landwärts tragen
In die Enge, in die Einsamkeit. – –

Bis die simplen, friedlichen, gesunden
Bauern ihn nach Tagen
Oder Stunden
Wiederum verjagen;
In die große Stadt zurück.
Und dort wird er sagen:
Nur im Ruhelosen ruht das Glück.

Lockruf

Komm auf die Leiter, Luise.
Zeig deinen schönen Trikot.
Was ich sonst an dir genieße,
das, liebes Kind: sowieso.

Vom steilen Ufer hernieder
seh ich zwar gern, wie du schwimmst,
doch nur dafür, daß du wieder
endlich das Ufer erklimmst.

Komm doch! Erlaub mir ein Küß'chen,
sei es auch nur auf die Hand.
Venus, geliebtes Venüs'chen,
steige doch bitte an Land!

Ruf zum Sport

Auf, ihr steifen und verdorrten
Leute aus Büros,
Reißt euch mal zum Wintersporten
Von den Öfen los.

Bleiches Volk an Wirtshaustischen,
Stellt die Gläser fort.
Widme dich dem freien, frischen,
Frohen Wintersport.

Denn er führt ins lodenfreie
Gletscherfexlertum
Und bedeckt uns nach der Reihe
All mit Schnee und Ruhm.

Doch nicht nur der Sport im Winter,
Jeder Sport ist plus,
Und mit etwas Geist dahinter
Wird er zum Genuß.

Sport macht Schwache selbstbewußter,
Dicke dünn, und macht
Dünne hinterher robuster,
Gleichsam über Nacht.

Sport stärkt Arme, Rumpf und Beine,
Kürzt die öde Zeit,
Und er schützt uns durch Vereine
Vor der Einsamkeit,

Nimmt den Lungen die verbrauchte
Luft, gibt Appetit;
Was uns wieder ins verrauchte
Treue Wirtshaus zieht.

Wo man dann die sporttrainierten
Muskeln trotzig hebt
Und fortan in Illustrierten
Blättern weiterlebt.

Die Litfasssäulen

Es stehen die Litfaßsäulen
Verstreut, den Leuchttürmen gleich,
Und lassen vom Winde sich umheulen,
Und werden im Regen ganz weich.

Und rufen und locken und preisen
Aus buntem und grellem Papier
Und drohen und stechen und beißen
Und lügen noch schlimmer als wir.

Früh lehnt ein Mann eine Leiter
An das, was Litfaß erfand.
Er reißt ihr vandalisch doch heiter
In Fetzen das bunte Gewand.

Nachdem er sie darauf bekleistert –
Als brächte ihn Nacktes in Zorn –
Klebt er ihr wieder begeistert
Viel Buntes auf Hinten und Vorn.

Theater ... – Auktion ... – Zigaretten ... –
Wohltätigkeits ... – Raubmord ... – Und Sport ... –
Proteste ... – Amtliche ... – Betten ... –
Kurz alles in Bild oder Wort.

Ich lese das ernst ohne Pause.
Mich interessiert sowas sehr.
Und meiner Frau sag' zu Hause
Ich alles dann auswendig her.

Ihr Sinn für Romane, Gedichte
Und Zeitungen ist nicht so groß.
Sie hört meine Litfaßberichte,
Und abends ziehn wir dann los.

Und wie, wie in Sturm und Wellen,
Die Litfaßsäulen starr stehn,
So sollen am Aktuellen
Auch wir nicht etwa achtlos vorübergehn.

Flugzeug am Winterhimmel

Ich fliege im Flockengewimmel.
Ach, guter Himmel, laß das doch sein!
Ich Flugriese bin nur klein Vögelein
Gegen dich, schüttender Himmel.

Sag Schneegestöber, ich bäte es sehr,
Ein wenig nachzulassen.
Denn meine Flügel tragen schon schwer
An sechs ganz dicken Insassen.

Die spielen Karten in meinem Leib
Und trinken, weil sie so frieren.
Und wollen nach Zoppot, um Zeitvertreib
Und Örtliches zu studieren.

Und käme ich dort nicht pünktlich hin,
Die würden es niemals verzeihen.
Lieber Himmel, wenn ich gelandet bin,
Dann darfst du gern wieder schneien.

Fernflug

Viel Höflichkeit wird uns am Start geboten.
Die Flugfahrthelfer und Piloten
Sind wohlerzogen, pflichtbewußt
Und jung. Auch die, die alt an Jahren
Sind zeitvoran, doch welterfahren.

Da schwellt sich auf dem Festplatz unsre Brust,
Denn Festplatz darf ich diesen Flugplatz nennen,
Mit seinen Masten, Flaggen und Antennen.
Gezähmte Riesenvögel gibt's zu sehn.
Dort landen sie in Kurven, sanft gelenkt,
Torkeln ein wenig, zwei, drei Schritte,
Daß man an Regenschirm und Raben denkt,
Und stehn.
»Aussteigen bitte!«

Und wie nun wir in ihrem Bauch bequem
In weiche Polsterstühle niedersinken,
Empfinden wir den Fortschritt angenehm,
Lächeln durchs Fenster Menschen zu, die winken.
Und fahren plötzlich über grüne Wiesen
Im Auto hin. Auto? O nein, wir schweben
Bereits. Ach, daß wir das erleben,
Erlernen durften und genießen!

Wir sind vom Erdball fort, schau'n auf ein Teppichmuster
Aus Wäldern, Feldern, Spielzeugkram gewebt,
Werden der Himmelsnähe jäh bewußter.
Wie klein sich doch da unten alles lebt.

Dort geht ein Dienstmädchen von Stadt zu Stadt.
Wie ich den weiten Schlängweg überseh,
Den sie zurückzulegen hat,
Weiß ich, der tun nachher die Beine weh.

Und wie wir höher streben, werden
Die Dinge unten winziger, schon sind
Wagen nur noch Insekten, ist ein Kind
Nurmehr ein Punkt, und große Rinderherden
Sehn aus wie Kommas, kreuz und quer gestellt.
Die Schifflein stehen still im Fluß, sind Würmlein.
Ein Dorf ist Häufchen Häuschen, um ein Türmlein,
Und das war unsre sorgenvolle Welt.

»Ei, ei, Herr Nachbar, warum plötzlich
So blaß – Seekrank? Nein? Drückt Ihr Kissen
Oder vielleicht Ihr ängstliches Gewissen?
Der Blick zur Tiefe ist doch höchst ergötzlich!«
Jetzt: unter uns entrollen sich Balladen.
Da ziehen dichtgeballte Nebelschwaden,
Wolkenkolosse hin, bedrückt und stumm
Und grell von höherer Gewalt besonnt.
Und Land und Luft verschwimmt am Horizont
In einer Landschaft aus dem Arktikum.

Und da wir nun noch höher uns erheben
Und auf die dunkle, starre Erde schauen,
Wo sich kein Mensch mehr zeigt, kein Tier, kein Leben,
Als hätte eine Sündflut – – O mit Grauen
Stell ich mir vor, wir säßen jetzt zu zwein
In einer Arche Noah ganz allein.

»Nachbar, ich höre Ihren Pulsschlag pochen.
Sie schielen ängstlich nach den schlanken Knochen,
Die unsres Vogels Flügel stützen
Und, wie Sie meinen, unser Leben schützen.
Es stirbt sich sowieso und überall,
Und jedes Ding veranlaßt Unglücksfall.

Vergessen Sie nicht töricht über diesen
Gedanken, schönste Freiheit zu genießen.
Was Tage einst, das schaffen heute Stunden.
Noch kurze Zeit, dann werden wir's erfinden,
Den Nebel und den Schnee zu überwinden.
Das Flugzeug selber ist erfunden,
Und wird so wie die Eisenbahn bestehn.
Wie die zu jenem sich verhält,
Gilt's nicht, daß eins von beiden siege.
Es reise jeder, wie es ihm gefällt.
Ich – läßt es irgendwie sich drehn –
Ich fliege!«

Die Fliege im Flugzeug

Ich war der einzige Passagier
Und hatte – nur zum Spaße –
Eine lebende Fliege bei mir
In einem Einmachglase.

Ich öffnete das Einmachglas.
Die Fliege schwirrte aus und saß
Plötzlich auf meiner Nase
Und rieb sich die Vorderpfoten.
Das verletzte mich.
Ich pustete. Sie setzte sich
Auf das Schildchen »Rauchen verboten«.

Ich sah: der Höhenzeiger wies
Auf tausend Meter. Ha! Ich stieß
Das Fenster auf und dachte
An Noahs Archentaube.
Die Fliege aber – ich glaube,
Sie lachte.
Und hängte sich an das Verdeck
Und klebte sehr viel Fliegendreck
Um sich herum, im Kreise,
Unmenschlicherweise.

Und als es dann zur Landung ging,
Unser Propeller verstummte,
Da plusterte das Fliegending
Sich fröhlich auf und summte.

Gott weiß, was in mir vorging,
Als solches mir durchs Ohr ging.
Ich weiß nur noch, ich brummte
Was vor mich hin. So ungefähr:
Ach, daß ich eine Fliege wär.

Fallschirmsprung meiner Begleiterin

Wie sie den Fallschirm mir zeigt und erklärt,
Kann ich nur halb zuhörn und zusehen.
Ich muß daran denken, wie ganz verkehrt
Oft Frauen mit ihren Schirmen umgehen.
Ich bin doch sonst kein solch Angstpeter.
Aber nun – – Und nun sind wir so weit,
Vielmehr so hoch. Etwa zweitausend Meter!
Wir erheben uns. »Alles bereit?«
Ich öffne die Türe.
»Gott soll Sie erhalten
Und Ihren seidenen Schirm entfalten.
Ich schösse mich tot, wenn ich jemals erführe – –«

Mir graust.
Das Frauenzimmer ist abgesaust.
Ich blicke ihr nach. Einmal überschlägt sie
Sich, wird ein Punkt, dann ein Pünktchen, und, ach,
Plötzlich ein sonnig blitzendes Dach,
Und ich weiß: das Dach trägt sie.

Ich schließe die Türe und reiße die Watte
Aus meinen Ohren. Ich fühle mich frei
Und sicher. Und ärgre mich doch dabei,
Weil sie mehr Schneid als ich hatte.

Antwort an einen Kollegen

Ob du Artist, ob du Franz Liszt,
Ein Christ, ein Mist, ein sonst was bist, –
Bezweifle es. Und dir zum Heil
Bezweifle auch das Gegenteil.

Was dir die Ideale nimmt,
Der Satz: daß nichts, was zutrifft, trifft,
(Ein Satz, der darum selbst nicht stimmt)
Ist nur für Überlegene Gift.

Doch hüte dich, an diesen Satz
Zu glauben, gar ihn zu betonen.
Freu dich an Hatz und Schmatz und Spatz,
An Unzucht oder Kaffeebohnen.

Doch sollte etwas in dir wohnen,
Bewirkend, daß du mich verstehst
Und lachst und dankbar weitergehst
Und dennoch etwas Bessres weißt,
Dann glaub ich, daß du richtig reist.

Über Finnland

Wie ich mich auf die Reise zur See,
Auf Helsingfors und die Finnmark freute!
Und nun erfahre ich heute:
Jenes finnische Varieté
Sei pleite gegangen.
Ich könnte Entschädigung verlangen,
Aber die Leute sind restlos bankrott.
Wovon wir beide dann im Mai
Leben sollen, das weiß nur Gott.
Nun bin ich einen Monat lang frei,
Kann abends rechtzeitig schlafen gehn,
Kann wieder einmal ein Theaterstück sehn.
Wär Geld, wir könnten die ganze Zeit
Mal bürgerlich behaglich zu zweit,
Die Abende zu zweit allein
In mein – dein – unserm Heim verleben.
Ach Helsingfors soll herrlich sein.
Es soll dort ernste Menschen geben,
Für Kunst empfänglich, ehrlich, gut, –
So destilliertes Fischerblut –
In Spiritus gesetzte Herzen.
Bezaubernd soll die Landschaft sein. –
Jetzt krieg ich auch noch Rückenschmerzen.
Ein Unglück kommt halt nie allein.

Graz

Man hatte mir viel Angst gemacht.
Ich fuhr nach Graz als wie zur Schlacht.
Doch unterwegs – ich kam aus Wien –
Sah ich schon wechselweise
Berge aus Schnee und Berge grün.
Da reimte ich auf »Reise«
Mir guten Trost. Und wurde kühn:
Der Schnee zerschmilzt, und ein Tag zerschmilzt.
Und Wälder sah ich und Kühe
Und Wiesen, olivenfarbig befilzt.
Ich sagte mir immer wieder bis Graz:
Gib dir nur trotzdem viel Mühe.
Und kam an und tats.
Wenn ich in der Rosenkranzgasse dann
(Die kennt nur der Eingeborne)
Eine fesche Grazer Verlorne
– Nach jener vorerwähnten Schlacht
Am Abend – in der Nacht gewann,
Und beides ganz unstreitig,
So ward mir solches Siegen
Dadurch sehr leicht gemacht,
Daß sich die Grazer gegenseitig
Meist in den Haaren liegen.

Hong-Kong

Ich erhielt heute deinen beleidigten Brief.
Deine Nachschnüffeleien kränken mich tief.
Und erstens ist Tay-Fi kein Frauenzimmer,
Dann zweitens treiben es andre viel schlimmer,
Und drittens hab' ich – parteilos betrachtet –
Zwar mit ihr in einem gemeinsamen Zimmer
Im Grand Hotel Discrétion übernachtet,
Doch war überhaupt nur dies Zimmer noch frei,
Und wie die Betten zunander standen,
(Vergleiche die kleine Skizze anbei)
Ist gar kein Grund zu Verdächten vorhanden. –
Im übrigen weißt du: Ich liebe dich sehr.
So lange von dir getrennt zu sein,
Erträgt aber niemand. Ich bin doch kein Stein,
Und ich brauche – ganz schroff gesagt: mehr Verkehr.
Alle Männer, auch Frauen, ganz nebenher
Gesagt, alle Völker brauchen dasselbe!
Und diese blöde, luetische, gelbe
Chinesin kommt ernstlich doch nicht in Betracht.
Wir haben uns halt mal per Zufall gefunden
Und ein paar anregende Stunden verbracht.
Man kann doch nicht ewig die ausgeschwätzte
Gleiche Gesellschaft und Gegend erleben.

Wenn man alle Münchner nach Preußen versetzte
Und umgekehrt. Und auch andererseits,
Etwa die Fakire nach der Schweiz. –
Was würde das Perspektiven ergeben! –
Wollen doch nicht am Alltäglichen kleben.
Großzügig sein! Also zürne nicht mehr. –
Du weißt, welche Zeit dein Brief bis hierher
Bei dem miserablichten Dampferverkehr
Gebraucht, und wie lange es wiederum währt,
Bis du endlich meine Rückantwort liest.
Und dann – und ich habe das eben beniest –
Ist doch die ganze Affäre verjährt.

An die Weinkneipe Schicketanz

Wiedermal – wie immer wieder –
Wiedermal steigt Ringel ganz
Voll von hohen Bergen nieder
Und besucht den Schicketanz.
Guter alter treuer Platz – – – –
Prost Ringeltanz dem Schickenatz.

Königsberg in Preussen

(Februar 1929)

In Königsberg zum zweitenmal.
Ich wohnte im Hotel Central,
Dort war gut hausen.
Doch draußen:
An Kälte zweiunddreißig Grad.
Ich ächzte und ich stöhnte.
Ja, Königsberg war stets ein Bad
Für südwarm weich Verwöhnte.
Und weil ein Streik der Autos war,
Verfluchte ich den Februar,
Was den durchaus nicht rührte.
Doch was ich so an Menschen sah,
Das war mir hell und war mir nah,
So, daß ich Freundschaft spürte.
Die Mädchen, die mir's angetan,
Die wirkten so wie Walzen
Und schmeckten doch wie Marzipan
Nur kräftig und gesalzen.
Und sollte es hier einen Sarg,
So krumm, wie ich bin, geben,
So möcht ich gern in Königsbarg
Begraben sein und leben.

Kuttel Daddeldu und die Kinder

Wie Daddeldu so durch die Welten schifft,
Geschieht es wohl, daß er hie und da
Eins oder das andre von seinen Kindern trifft,
Die begrüßen dann ihren Europapa:
»Gud morning! – Sdrastwuide! – Bong jur, Daddeldü!
Bon tscherno! Ok phosphor! Tsching – tschung! Bablabü!«
Und Daddeldu dankt erstaunt und gerührt
Und senkt die Hand in die Hosentasche
Und schenkt ihnen, was er so bei sich führt,
– – Whiskyflasche,
Zündhölzer, Opium, türkischen Knaster,
Revolverpatronen und Schweinsbeulenpflaster,
Gibt jedem zwei Dollar und lächelt: »Ei, ei!«
Und nochmals: »Ei, Ei!« – Und verschwindet dabei.

Aber Kindern von deutschen und dänischen Witwen
Pflegt er sich intensiver zu widmen.
Die weiß er dann mit den seltensten Stücken
Aus allen Ländern der Welt zu beglücken.
Elefantenzähne – Kamerun,
Mit Kognak begoßnes malaiisches Huhn,
Aus Friedrichroda ein Straußenei,
Aus Tibet einen Roman von Karl May,
Einen Eskimoschlips aus Giraffenhaar,
Auch ein Stückchen versteinertes Dromedar.

Und dann spielt der poltrige Daddeldu
Verstecken, Stierkampf und Blindekuh,
Markiert einen leprakranken Schimpansen,
Lehrt seine Kinderchen Bauchtanz tanzen
Und Schiffchen schnitzen und Tabak kauen.
Und manchmal, in Abwesenheit älterer Frauen,
Tätowiert er den strampelnden Kleinchen
Anker und Kreuze auf Ärmchen und Beinchen.

Später packt er sich sechs auf den Schoß
Und läßt sich nicht lange quälen,
Sondern legt los:
Grog saufen und dabei Märchen erzählen;
Von seinem Schiffbruch bei Feuerland,
Wo eine Woge ihn an den Strand
Auf eine Korallenspitze trieb,
Wo er dann händeringend hängen blieb.
Und hatte nichts zu fressen und saufen;
Nicht mal, wenn er gewollt hätte, einen Tropfen
Trinkwasser, um seine Lippen zu benetzen,
Und kein Geld, keine Uhr zum Versetzen.
Außerdem war da gar nichts zu kaufen;
Denn dort gab's nur Löwen mit Schlangenleiber,
Sonst weder keine Menschen als auch keine Weiber.
Und er hätte gerade so gern einmal wieder
Ein kerniges Hamburger Weibstück besucht.
Und da kniete Kuttel nach Osten nieder.

Und als er zum drittenmal rückwärts geflucht,
Da nahte sich plötzlich der Vogel Greif,
Und Daddeldu sagte: »Ei wont ä weif.«
Und der Vogel Greif trug ihn schnell
Bald in dies Bordell, bald in jenes Bordell
Und schenkte ihm Schlackwurst und Schnaps und so weiter. –
So erzählt Kuttel Daddeldu heiter, –
Märchen, die er ganz selber erfunden.
Und säuft. – Es verfließen die Stunden.
Die Kinder weinen. Die Märchen lallen.
Die Mutter ist längst untern Tisch gefallen,
Und Kuttel – bemüht, sie aufzuheben –
Hat sich schon zweimal dabei übergeben.
Und um die Ruhe nicht länger zu stören,
Verläßt er leise Mutter und Gören.

Denkt aber noch tagelang hinter Sizilien
An die traulichen Stunden in seinen Familien.

Guter Rausch

Denken wir jetzt nicht an den Halunken,
Der betrügt, indem er sich besäuft,
Auch nicht an den andern, der betrunken
Schimpft und androht oder Amok läuft,

Nicht an Witzler, nicht an Vielversprecher,
Noch an den, der morgen früh bereut,
Der am Tag vor Nacht- und Nacktheit scheut.
Was ich meine, gilt für andere Zecher.

Ihrer denk ich. Nach dem sechsten Glase,
Oder nach dem dritten oder zehnten,
Kommen sie – nicht etwa in Ekstase –
Sondern in den variiert ersehnten

Zustand, klar und dennoch mild zu sehn,
Mild zu horchen auf die Andern, Fremden
Und wie Engel in schneeweißen Hemden
Sozusagen vor sich selbst zu stehn.

Manchmal schießen sie mit der Pistole
Dann in sich ein ewig tiefes Loch.
Manchmal lächeln sie und trinken noch
Kognak, Zwetschenwasser, Sekt und Bowle.

Aber immer nehmen sie sich vieles
Vor und nehmen vieles still zurück
Und erkennen in Betreff des Zieles
Und der Zukunft ihren Weg zum Glück.

Und man wird um solch entrückte Zeit
Sie beneiden, und man wird sie lieben. –
Wenn sie doch – zu frühem Tod bereit –
Unverändert derart trunken blieben!

Der Glückwunsch

Ein Glückwunsch ging ins neue Jahr,
Ins Heute aus dem Gestern.
Man hörte ihn sylvestern.
Er war sich aber selbst nicht klar,
Wie eigentlich sein Hergang war
Und ob ihn die Vergangenheit
Bewegte oder neue Zeit.
Doch brachte er sich dar, und zwar
Undeutlich und verlegen.

Weil man ihn nicht so ganz verstand,
So drückte man sich froh die Hand
Und nahm ihn gern entgegen.

Entschuldigungsbrief

Mein lieber S., als ich am andern Tag
Erwachte, wußte ich nicht mehr Genaues.
Ich hab ein rotes Auge, Ruth ein blaues.
Wie sich das zugetragen haben mag!!

In meinem Anzug klebt ein Pfund Spinat.
Wie kam das nur? Ich weiß nur noch, daß Deine
Frau oder Oskars in den Spiegel trat.
Doch wer goß Hermann Suppe auf die Beine?

Ich gebe zu, daß ich den Anlaß gab.
Ich war besoffen wie noch nie seit Wochen.
Verzeiht mir, was ich ge-, zer- und verbrochen
Und daß ich Fips mit Wachs beträufelt hab.

Nun sind wir alle plötzlich jäh entzweit
Und waren Freunde, die nie beßre finden.
Man sollte bei solch reicher Festlichkeit
Lieber mehr essen und sich überwinden.

Wie war die Bowle gut und der Fasan!
Vorbei. – Am liebsten würd ich mich erhängen. –
Verdammt nicht ganz den, der das Porzellan
Euch gern ersetzen will. Ohne sich aufzudrängen.

Schöne Fraun mit schönen Katzen

Schöne Fraun und Katzen pflegen
Häufig Freundschaft, wenn sie gleich sind,
Weil sie weich sind
Und mit Grazie sich bewegen.

Weil sie leise sich verstehen,
Weil sie selber leise gehen,
Alles Plumpe oder Laute
Fliehen und als wohlgebaute
Wesen stets ein schönes Bild sind.

Unter sich sind sie Vertraute,
Sie, die sonst unzähmbar wild sind.

Fell wie Samt und Haar wie Seide.
Allverwöhnt. – Man meint, daß beide
Sich nach nichts, als danach sehnen,
Sich auf Sofas schön zu dehnen.

Schöne Fraun mit schönen Katzen,
Wem von ihnen man dann schmeichelt,
Wen von ihnen man gar streichelt,
Stets riskiert man, daß sie kratzen.

Denn sie haben meistens Mucken,
Die zuletzt uns andre jucken.
Weiß man recht, ob sie im Hellen
Echt sind oder sich verstellen?

Weiß man, wenn sie tief sich ducken,
Ob das nicht zum Sprung geschieht?
Aber abends, nachts, im Dunkeln,
Wenn dann ihre Augen funkeln,
Weiß man alles oder flieht
Vor den Funken die sie stieben.

Doch man soll nicht Fraun, die ihre
Schönen Katzen wirklich lieben,
Menschen überhaupt, die Tiere
Lieben, dieserhalb verdammen.

Sind Verliebte auch wie Flammen,
Zu- und ineinander passend,
Alles Fremde aber hassend.

Ob sie anders oder so sind,
Ob sie männlich, feminin sind,
Ob sie traurig oder froh sind,
Aus Madrid oder Berlin sind,
Ob sie schwarz, ob gelb, ob grau, –

Auch wer weder Katz noch Frau
Schätzt, wird Katzen gern mit Frauen,
Wenn sie beide schön sind, schauen.

Doch begegnen Ringelnatzen
Häßlich alte Fraun mit Katzen,
Geht er schnell drei Schritt zurück.
Denn er sagt: Das bringt kein Glück.

Bei hellem Mondenschein

Wenn der Mond recht gut zu Mittag gespeist,
Dann ist er wie eine Kugel zumeist.
»Schlaft wohl!« ruft er vom Himmel und lacht,
Weil Franzel im Traume den Mund aufmacht.
Der duslige Lampenanzünder, Herr Bern,
Der glaubt der Mond sei eine Latern
Und sucht ihn daher im Vorübergehn
Ein kleines bißchen herunterzudrehn.
Die Astronomen am Fernrohr stehn
Und sich den Himmel genau besehn.
Haptschie! Haptschie! klingt's leise von fern.
Sternschnuppen hat ein erkälteter Stern.

Hat jede Frucht ihren Samen

Hat jemand einen Traum erzählt.
Ein Dichter schuf daraus Dichtung.
Ein Maler hat die als Sujet gewählt
Für ein Bild in grotesker Belichtung.

Viel Tausende haben darüber gelacht.

Ein Wissenschaftler hat nachgedacht,
Hat Anderem eine Idee vertraut.

Ein Praktiker experimentierte.
Und wieder ein Andrer hat zugeschaut,
Hat anderwärts etwas fertiggebaut,
Was dann nicht funktionierte.

Und wieder lachten Tausende laut.

Nachdem noch viel gut, böse geschah,
Rief eines Tages das Volk: »Hurra!«
Denn die Erfindung war da.

Millionen Menschen benutzten sie froh.

Es steht ein Denkmal irgendwo,
Preist einen glücklichen Namen.

Hat jede Frucht ihren Samen.

In d'r inschruckzionschdunde

(Sächsisch)

Der Gorboral schbricht zu seinen Regruden:
»Ich hab eich nu schon seit zwanzich Minuden
Genau erglärd, wie's Gewehr gonschdruierd;
Nu will ich mal sähn, wie ihr Esel gabierd.
's grichd jeder 'ne Frache, doch bidd ich mer aus:
De Andword muß wie mit Bulfer heraus.
Sie da, der Miller! Gerl! sähn se doch her!
In wieviel Deile zerfälld das Gewehr?«
– Ä kurzes Bedenken, dann brillt der Regrud:
»'s gommd ganz druff an, wie mer'sch hinschmeißen dhud!«

Der grauenhafte Mord am Tal

Frau Hopsl kam mit Wehgeschrei
Am Freitag früh zur Polizei
Und meldete mit vielen Worten:
Ihr Gatte sei ermordet worden.
Sie habe ihn im Hausflur unten
Als tote Leiche aufgefunden. – –
Die Polizei nimmt's stets genau,
Sie arretierte gleich die Frau,
Weil sie zunächst verdächtig war,
Und sandte einen Kommissar
Zum Tatort, Tal 210,
Den Tatbestand sich anzusehn.
Der äußerst schlaue Kriminal
Fuhr stracks nach jenem Haus am Tal
Und ließ zunächst 6 Mann verhaften,
Die dort am Tor verdächtig gafften.
Mit scharfem Blick gebot er dann,
Daß niemand rühr' den Toten an.
Ein Arzt, der ihn bereits berührt,
Ward, als verdächtig, abgeführt.
Man arretierte noch zwei Herren
Und ließ sodann die Straße sperren.

Nun wurde alles, was passiert,
Auf das genaueste notiert,
Die Zeit der Handlung konstatiert,
Der Ort der Tat photographiert,
Die Leiche kurz rekognosziert,
Ein Pfandschein sehr genau studiert,
(Dazwischen auch 'mal kurz diniert),
Der Totenwagen alarmiert,
Ein langes Messer konfisziert,
Sodann die Nachbarschaft zitiert,
Vom Kommissar examiniert,
Zur Sicherheit desinfiziert
Und ins Gefängnis transportiert,
Sodann das Haus nochmal durchsucht
Und alles ganz genau gebucht.
So nach und nach im Lauf der Zeit
Kam mit gewohnter Schnelligkeit
Der Totenwagen vorgefahren.
Nun galt's die Leiche aufzubahren.
– In diesem Augenblick – entsetzlich! –
Erhob der tote Mann sich plötzlich
Und brummte, scheinbar sehr betroffen:
»Kreizdeifi, war i wied'r amoi b'soffen!«

Was weiter dort sich zugetragen,
Das kann ich leider selbst nicht sagen.
Das Amtsblatt, das ich interviewt,
Bleibt konsequent, es schweigt vertieft.

Der erste April

Der Fritz und Hans, der Brüder zwei,
Die treiben ewig Neckerei.
Zumal dem Hans macht's großen Spaß,
Den Fritz zu führen an der Nas'.

Einstmals sind alle zwei zu Haus.
Zum Fenster still sieht Hans hinaus,
Indessen Fritz am Tische sitzt
Und über Schularbeiten schwitzt.
Da ruft Hans plötzlich: »Schau mal hier!
Ein Krokodil! Uh, welch ein Tier!«
Fritz stürmt ans Fenster: »Krokodil?
Wo?« – »Angeführt! April! April!«
(Denn selb'gen Tags, als das passierte,
Begann in Wirklichkeit der Vierte.)

Nun, dieser Scherz ist bald vergessen. –
Doch später, nach dem Mittagessen,
Ruft Hans am Fenster wieder laut:
»Fritz, Fritz! Ein Pferd mit weißer Haut!«

Doch Fritzchen merkt, was jener will:
»Du schickst mich nicht in den April!
Ich wette Tausend gegen Zehn,
Kein solches Pferd ist jetzt zu sehn.«
»Nun gut, du magst das untersuchen:
Es geht um einen Pfefferkuchen.«

Als Fritz nun auf die Straße schaut –
Steht dort ein Pferd mit weißer Haut.
Er kratzt sich hinter seinen Ohren
Und seufzt enttäuscht: »Ich hab verloren.«

Am selben Tag (die Uhr schlägt acht)
Wünscht Hans dem Bruder gute Nacht
Und trollt am Fenster sich vorbei.
»Fritz«, schreit er plötzlich, »Zauberei!
Denk, eben guckt durchs Fenster hier
Ein junger Esel! Glaubst du mir?

Horch! Hörtest du nicht sein I-ah?«
Fritz zögert lang, dann spricht er: »Ja.«
Er tritt ans Fenster, späht hinaus –
Jedoch kein Grautier steht vorm Haus.
»O Hans«, so spricht er indigniert,
»Du hast mich wieder angeführt!«
Das Hänschen aber lacht nicht schlecht.
»Nein, dieses Mal bist du im Recht!
Das Eslein nämlich, ohne Witz,
Das warst du selber, Bruder Fritz!«

Lustmord

Sie stänkerte. Dennoch habe ich sie –
Weil sie käuflich war – gekauft.
Und habe, vielleicht aus Ironie,
Sie »Mucker« getauft.

Ich riß ihr gierig mit rauher Hand
Die einzelnen Kleider herunter,
Zunächst ein leichtes Flittergewand,
Dann anderen, gröberen Plunder.

Und Rock und Röckchen nach Röckchen fiel
Herab. Ich riß und zerfetzte
Mit Wollust. Ich wollte – das war mein Ziel –
Das Nackte, das Wahre, das Letzte.

Doch immer, wenn ich das rosige Glück
Der Nacktheit zu schauen vermeinte,
Kam wieder noch irgend ein Kleidungsstück.
Ich wütete weiter, ich weinte.

Doch als ich sie völlig enthemdet
Hatte, blieb nichts, restlos nichts.
Und in dieses Nichts bohrt befremdet
Der Stachel meines Gedichts.

Jedoch erübrigt sich jede
Kritik, jeder Kommentar,
Weil die, von der ich hier rede,
Eine Zwiebel war.

Der »Gezeichnete«

Ein Bleistift hat mich vergewaltigt,
Hat meine Züge vergestaltigt
Und hinterlistig auf ein Blatt
Papier gebracht.
Ich muß gesteh'n, der Bleistift hat
An sich die Sache gut gemacht.

Wer aber gab ihm die Erlaubnis?!
Nun weiß ich nicht recht, ob das Raub ist.
Gehört die Miene nun dem Blei?
Gehört sie mir? – Wie dem auch sei.
Die Fratze und der Bleistiftstrich
Verhöhnten und versöhnten sich
Und zogen darauf Hand in Hand
Ganz freundschaftlich ins weite Land.

Denn beide sind – das ist der Witz –
Im Grunde kein Privatbesitz.

Ich komme und gehe wieder,
Ich, der Matrose Ringelnatz.
Die Wellen des Meeres auf und nieder
Tragen mich und meine Lieder
Von Hafenplatz zu Hafenplatz.

Ihr kennt meine lange Nase,
Mein vom Sturm zerknittertes Gesicht.

Daß ich so gern spaße
Nach der harten Arbeit draußen,
Versteht ihr das?
Oder nicht?

Verzeichnis der Gedichte und Gedichtanfänge